스님, 어찌 살까요?
이재명처럼 살아라!

지은이 성관(聖觀) 선사

성관 선사(禪師)는 봉암사에서 당대의 고승인 범룡(梵龍)을 은사로 출가해 용화사, 통도, 은해사, 동화사 등 제방 선원에서 정진하였으며 지금도 늘 같은 마음으로 정진 수행 중이다.

범룡 대종사(大宗師)는 1929년(23세) 금강산 유점사로 출가해 만허 스님을 계사로 사미계를 수지한 이후 1941년 8월 오대산에서 한암 스님을 계사로 비구계를 수지(受持)했으며,「화엄경」의 대가로 유명하다.

스님, 어찌 살까요? 이재명처럼 살아라!

초 판 1 쇄 / 2019년 9월 3일
초 판 2 쇄 / 2019년 9월 10일
엮 은 이 / 성관 선사
펴 낸 곳 / 도서출판 말벗
펴 낸 이 / 박관홍
등 록 번 호 / 제 2011-16호
주 소 / 서울 영등포구 문래로4길 4 (204호)
전 화 / 02) 774-5600
팩 스 / 02) 720-7500
메 일 / mal-but@naver.com

www.malbut.co.kr ⓒ 성관 선사
정가 15,000원

ISBN 979-11-88286-12-6 (03220)

운명을 바꾸는 마음법

스님, 어찌 살까요?
이재명처럼 살아라!

성관 선사

책을 펴내면서

지금의 힘든 고난을 불교로 극복하는 마음은 참으로 아름답습니다. 이 과정에는 자연 불교경전(佛教經典)이 수반되게 마련입니다.

사람의 몸 받는 일은 눈먼 거북이가 큰 바다에서 구 멍 뚫린 나무에 목을 들이밀고 편히 쉬어가는 것만큼이 나 어렵습니다. 그런데 오늘 다행히 사람의 몸을 받은 바, 더욱이 그보다 더 어려운 불법, 즉 부처님의 정법을 만났으니 이만큼 더 다행한 일이 어디 있으리오.

금생에서 이 법을 잊어버리면 만 번을 태어난다 하더 라도 어려운 일이니 금생에 사람의 몸 받았을 때 어찌 닦지 아니하고 세월만 보내렵니까.

이른바 법요집(法要集)은 경전의 부처님 가르침 중 요긴 하고 주요한 점, 그리고 법회의식에서 중요한 것들만 가려 뽑아 모은 책입니다. 그러나 법요집에는 너무나 많은 진언이 나와 어떤 것을 외워야 할지 막막하고 헷갈립니다.

　그렇다고 어떤 것을 읽고, 무엇부터 먼저 외우라는 해법이 정해진 것도 아닙니다. 다만 선지자들로부터 배우고 들은 대로 익히는 수밖에 없습니다.

　우선 일상에서 알 수 없는 장애가 많을 때는 『항마진언(降魔眞言)』·『반야심경(般若心經)』·『광명진언(光明眞言)』을 염송(念誦)합니다. 이 염송법은 일상에서 언제든지 염(念)하면 됩니다. 길을 가거나 쉬는 동안, 혹은 밥을 먹으면서도 마음으로 염(念)하기에 주변인들에게 별다른 피해 없이 얼마든지 가능합니다.

　『항마진언』은 신중작법(神衆作法)에 나오는 진언입니다. 하는 일마다 꼬이는 사람이 염하면 장애가 비켜나가는 신중단(神衆壇) 기도 때 꼭 하는 진언이지요.

　중국의 현장법사가 인도에 가던 도중 송장 썩은 냄새나는 고약한 노스님을 극진히 시봉(侍奉)한 결과 그분이 관세음보살로서 친견하며 바로 알려준 게송이 『반야심경』이지요.

　『광명진언』은 흔히 장례식장이나 성묘할 때 죽은 망자에게 들려주는 진언으로 극락에 보내주는 데 유효(有效)합니다. 특히 심하게 가위눌린 분은 이 진언을 계속 외우고, 집안에서 객사한 조상을 향해 많이 축원합니다.

　『천수경』은 진언이 제일 많이 나오기에 요긴하게 다

쓸 수 있으며, 『신묘장구대다라니』를 하루에 5~9회 염불하는 것도 바람직합니다. 또한 『지장경』을 하루에 1권씩 처음부터 끝까지 독송하면 좋습니다.

몸과 마음이 아픈 분들은 『약사여래불경』을, 제사를 못 지내고 있거나 빙의 환자들은 『영가 전에』를 추천합니다. 진언이 너무 길어 외우기 힘들면 관세음보살, 나무아미타불, 지장보살 등 한 분만 정해놓고 생각날 때마다 수시로 외우십시오.

특히 무작정 외우기보다는 무슨 뜻인지 음미하며 염송하는 것이 제일 중요합니다. 머리에 잘 안 들어온다고 그냥 책 보듯 외우는 것보다 MP3에 녹음해 반복해서 듣다 보면 쉬워집니다.

『법구경』은 서양의 언어로 가장 많이 번역된 불교 경전입니다. 또한 서구 지식인들 사이에서 반드시 읽어야 할 '교양필독서'입니다. 인간으로서, 구도자로서 이생을 살아가는 방법을 구체적으로 제시한 '삶의 지침서'로 널리 알려져 있습니다.

이처럼 삶의 나침반 역할을 하는 여러 경전을 통해 방황하는 현대인들에게 희망의 메시지를 전해 줍니다.

『보왕삼매론』은 공부를 해 나가며 뜻을 이해하고 이론을 밝히는 것이 중요합니다. 뿐만 아니라 각각의 경계를 지혜롭게 터득해 그 선에 걸리지 않고 밝게 닦아 나아가는 수행의 밑거름이 되길 진심으로 기원합니다.

공부가 계속되면서 우리 보살님의 수행도 무르익어질 수 있길 바랍니다. 이 공부의 결과 그 어떤 경계에서도 우리 모든 도반들의 일상이 여여(如如)해질 수 있길 발원합니다.

살다 보면 누구나 온갖 경계(境界)와 장애(障礙) 속에서 괴로워하고 답답해 하며 그 경계에서 헤어날 줄 몰라 당황합니다.

삶은 그야말로 한도 끝도 없는 순경(順境)과 역경(逆境)의 반복입니다. 중생은 순경과 역경의 두 경계에 휘둘리며 행복과 불행을 오고가는 삶을 운항합니다.

인생은 하루에도 수없는 순경과 역경, 행복과 불행, 즐거움과 괴로움, 들뜸과 가라앉음. 숱한 순역의 경계 속을 왕복하며 살아갑니다.

이처럼 우리는 외부의 경계, 혹은 내면의 경계에 휘둘리는 경계의 종으로 살아갑니다. 자신의 삶인데도 주인이 되지 못하고 경계의 노예가 되어 이끌리다 보니 삶이 힘겹고 괴롭습니다.

불교는 온갖 순역(順逆)의 경계들을 본인 스스로 당당하게 맞서 싸워 이겨내 삶의 주인이 될 수 있게 도와주는 가교(架橋)입니다.

『보왕삼매론』의 계시(啓示)는 얼핏 보면 역경을 이겨

내는 가르침처럼 보입니다. 그러나 이는 순역의 경계를 나누지 않고 모두 놓아버릴 수 있게 일깨우는 중도(中道)의 가르침입니다.

물론 그 방편으로 역경을 오히려 순경처럼 그대로 다 받아들이도록 주문합니다. 그럼으로써 역경과 순경이 둘이 아님을 가르치는 것입니다.

순경과 역경이 교차하지 않는 인생은 없습니다. 행복만 있고 불행이 없는, 괴롭기만 하고 즐겁지 않은 인생은 찾아볼 수 없습니다. 기실 한 가지 경계만 있다면 그것은 이미 순역, 행과 불행으로 나눠지지 않습니다.

이렇듯 누구에게나 다가오는 경계에 그대로 휘둘리는 이를 중생이라 하는 것이며, 내 스스로 주인공이 되어 그 어떤 경계라도 잘 다스리고 녹여갈 수 있는 이가 수행자일 것입니다.

우리는 이『보왕삼매론』의 가르침에서 그 어떤 역경이라도 한마음 돌이킴으로써 오히려 순경이 되도록 바꾸는 지혜를 배워 갈 것입니다. 역경이 괴롭다고 버리고, 순경이 즐겁다고 잡는 일이 아님을 알게 됩니다.

역경과 순경이라는 양극단의 분별심만 놓아버리면 이들 모두 나를 이끄는 부처님의 손길이 되며, 우리 수행의 밝은 재료가 될 것입니다.

더 나아가 본래 순역이 따로 없음을 깨닫겠지요.

무엇보다 조금씩 기도를 병행해 가면 더 좋습니다. 기도문은 이렇게 해보십시오.

"부처님, 오늘 하루도 이렇게 진언을 외울 수 있어 감사드립니다. 제가 이 힘든 현실들을 잘 극복해 나갈 수 있도록 저에게 지혜를 내려주시옵소서."

기도는 자신이 현재까지 어떤 마음으로 살아왔는지 스스로 돌아보고, 기도하고 있는 오늘의 자신에게 고난과 위기를 극복하고 참회하는 의미만 부여할 따름입니다.

나옹, 경허 선사님과 옛 조사님들의 지극하신 뜻을 읽기 쉽고 이해하기 쉬운 노래들로 지어 누구나 쉽게 공부해 함께 성불하며 아울러 극락왕생을 바라는 뜻을 중생들은 어찌 받들지 않으리오.

진실로 이대로 읽고 행한다면 대장경 본 공덕에 모자람이 없을 것이며, 바라옵건대 우리 모두 동공대원으로 무상보리를 성취할지어다.

이재명 거사는 이미 세 번이나 죽은 목숨이었습니다. 그러므로 익히 해탈한 선사(船師)입니다.

아마 스님이 되었다면 명승으로 그 명성이 자자(藉藉)했겠지요.

소승이 본받고 싶은, 그래서 이 자리를 빌려 축원하노니…, 세상의 빛이 되길 기원합니다.

南無阿彌陀佛…

성관 선사 합장

10

차 례

1. 순치황제 출가시(順治皇帝 出家詩)

곳곳이 총림이요 쌓인 것이 밥이거니
대장부 어디 간들 밥 세 그릇 걱정하랴.
황금과 백옥만이 귀한 줄을 아지 마소,
가사 옷 얻어 입기 무엇보다 어려워라.

이내 몸 중원천하(中原天下) 임금 노릇 하건마는
나라와 백성 걱정 마음 더욱 시끄러워.
인간의 백년 살이 삼만 육천 날이란 것
풍진(風塵) 떠난 명산대찰 한나절에 미칠거나.

당초에 부질없는 한 생각의 잘못으로
가사장삼 벗어 치우고 곤룡포(袞龍袍)를 감게
  됐네.
이 몸을 알고 보면 서천축(西天竺) 스님인데

무엇을 인연하여 제왕가(帝王家)에 떨어졌나.

이 몸이 나기 전에 그 무엇이 내 몸이며
세상에 태어난 뒤 내가 과연 누구던가.
자라나 사람 노릇 잠깐 동안 내라더니
눈 한번 감은 뒤에 내가 또한 누구던가.

백년의 세상일은 하룻밤의 꿈속이요
만 리의 이 강산은 한판 노름 바둑이라.
대우씨(大禹氏) 구주 긋고 탕 임금은 걸(桀)을
  치며
진시황(秦始皇) 육국먹자 한태조(漢太祖)가 새
  터 닦네.

자손들은 제 스스로 제 살 복을 타고나니
자손을 위한다고 마소 노릇 그만 하소.
수천 년 역사 위에 많고 많은 영웅들이
동서남북 사방에 한줌 흙으로 누워 있네.

올 적에는 기쁘다고 갈 적에는 슬퍼하네,
속절없이 인간 세상에 와 한 바퀴를 돌단 말
  인가.

애당초 오지 않으면 갈 일조차 없으리니
기쁨이 없을 텐데 슬픔인들 있을런가.

나날이 한가로움 내 스스로 알 것이라
이 풍진 세상 속에 온갖 고통 여읠세라.
입으로 맛들임은 시원한 선열미(禪悅味)요
몸 위에 입는 것은 누더기 한 벌 원이로다.

사해(四海)와 오호(五胡)에서 자유로운 손님
　　되어
부처님 도량 안에 마음대로 노닐세라.
세속을 떠나는 일 쉽다 말을 마소
숙세(宿世)에 쌓아놓은 선근(善根) 없이 아니
　　되네.

십팔 년 지나간 일 자유라곤 없었노라
강산을 뺏으려고 몇 번이나 싸웠더냐.
내 이제 손을 털고 산속으로 돌아가니
만 가지 근심 걱정 내 아랑곳할 것 없네.

〈원문〉
순치황제 출가시(順治皇帝 出家詩)

천하총림반사산(天下叢林飯似山) 발우도처임군
찬(鉢盂到處任君餐)
황금백벽비위귀(黃金白壁非爲貴) 유유가사피최
난(惟有袈裟被最難)
짐내대지산하주(朕乃大地山河主) 우국우민사전
번(憂國憂民事轉煩)
백년삼만육천일(百年三萬六千日) 불급승가반일
한(不及僧家半日閒)
회한당초일념차(悔恨當初一念差) 황포환각자가
사(黃袍換却紫袈裟)
아본서방일납자(我本西方一衲子) 연하류락제왕
가(緣何流落帝王家)
미생지전수시아(未生之前誰是我) 아생지후아시
수(我生之後我是誰)
장대성인재시아(長大成人 : 是我) 합안몽롱우시
수(合眼朦朧又是誰)
백년세사삼경몽(百年世事三更夢) 만리강산일국
기(萬里江山一局碁)
우소구주탕벌걸(禹疏九州湯伐傑) 진탄육국한등

16

기(秦呑六國漢登基)

아손자유아손복(兒孫自有兒孫福) 불위아손작마
우(不爲兒孫作馬牛)

고래다소영웅한(古來多少英雄漢) 남북동서아토
니(南北東西臥土泥)

내시환희거시비(來時歡喜去時悲) 공재인간주일
회(空在人間走一回)

불여불래역불거(不如不來亦不去) 야무환희야무
비(也無歡喜也無悲)

매일청한자기지(每日淸閑自己知) 홍진세계고상
리(紅塵世界苦相離)

구중흘적청화미(口中吃的淸和味) 신상원피백납
의(身上願被白衲衣)

사해오호위상객(四海五胡爲上客) 소요불전임군
서(逍遙佛殿任君棲)

막도출가용이득(莫道出家容易得) 석년루대중근
기(昔年累代重根基)

십팔년래부자유(十八年來不自由) 산하대전기시
휴(山河大戰幾時休)

아금철수귀산거(我今撤手歸山去) 나관천수여만
수(那管千愁與萬愁)

<해설>

불교역사에서는 왕이나 태자로 살다가 그 지위를 다 버리고 출가해 수행한 사례들이 많다. 특히 우리들에게 감동을 준 사례 중 무엇보다 순치황제(順治皇帝)의 출가 시(出家詩)가 유명하다.

순치황제는 중국 청나라 3대 임금인 세조로 어지러운 중국 천하를 통일했다. 그러나 그는 이 한편의 출가시를 남기고 출가해 버려 불자들은 물론 많은 이들에게 큰 감명을 주었다.

순치황제의 출가시(出家詩)는 일찍이 스님들에게 애독되고 많은 불자들의 심금을 울리는 내용이다.

순치제는 몽골 출신의 어머니 효장태후를 싫어해 당시 몽골 출신의 황후를 폐하고 새로운 황후 효혜장 황후를 세웠지만 그녀 역시 몽골인이었다. 순치제는 1660년(순치 17년) 총애한 '현비(賢妃)' 동악씨가 사망하자 그만 정치에 뜻을 잃었다. 순치제는 얼마 후 그녀를 황후로 추시(追諡)했지만 대신들이 국법에 어긋난다며 강하게 반대했다.

결국 순치제는 이듬해인 1661년(순치 18년) 황위를 황태자 현엽에게 물려주고 24세 때 천연두로 붕어(崩御)했다고 전한다.

그러나 일설에 의하면 동악씨의 죽음과 황후 추서 반

대에 분노해 스스로 제위에서 물러난 뒤 오대산으로 출가해 1669년(강희 8년), 1707년(강희 46년), 1712년(강희 51년), 심지어 손자인 옹정제 초기까지 살고 입적했다는 후문이 있지만 분명하지 않다.

2. 부설거사 사부시(四浮詩)

아내자식 일가친척 빽빽하기 대밭 같고
금은옥과 비단이 언덕처럼 쌓였어도,
죽음에 당도하니 내 한 몸만 홀로 가네.
생각하고 생각해도 허망할사 세상사여!

나날이 부지런히 번거롭고 속된 세상
벼슬이 조금 높자 머리카락 희어지네.
명부의 염라대왕 금어관대 우습게 봐,
생각하고 생각해도 허망할사 세상사여!

비단결에 수를 놓듯 미묘한 무애변재
천편 시 문장으로 만호후를 비웃어도
무량세를 너다 나다 잘난 자랑 길러올 뿐.
생각하고 생각해도 허망할사 세상사여!

설사 설법을 비오듯 하여
하늘에 꽃비 내리고
무정이 깨어남을 감득해도
정력 없는 간혜로는 생사를 못 면하니.
생각하고 생각해도 허망할사 세상사여!

〈원문〉
妻子眷屬森如竹(처자권속삼여죽)
金銀玉帛積似邱(금은옥백적사구)
臨終獨自孤魂逝(임종독자고혼서)
思量他是虛浮浮(사량타시허부부)

朝朝役役紅塵路(조조역역홍진로)
爵位︰高己白頭(작위재고기백두)
閻王不︰佩金魚(염왕불파패금어)
思量他是虛浮浮(사량타시허부부)

錦心繡口風雷舌(금심수구풍뢰설)
千首詩輕萬戶侯(천수시경만호후)
增長多生人我本(증장다생인아본)
思量他是虛浮浮(사량타시허부부)

假使說法如雲雨(가사설법여운우)
感得天花石點頭(감득천화석점두)
乾慧未能免生死(건혜미능면생사)
思量他是虛浮浮(사량타시허부부)

처자권속이 대나무 숲처럼 많이 있고
금은보배들이 산처럼 쌓였어도,
죽을 땐 외로이 넋만 홀로 떠나가니
생각하면 할수록 허망하기 뜬구름일세.

매일매일 세상사에 시달리다가
벼슬 겨우 높아지니 머리는 이미 백발이네.
염라대왕은 벼슬 높음을 겁내지 않으니
생각하면 할수록 허망하기 뜬구름일세.

비단결 같은 마음과 훌륭한 말솜씨,
뛰어난 글재주로 만호제후 비웃어도
다생하도록 내 잘난 것만 키웠으니
생각하면 할수록 허망하기 뜬구름일세.

가사 설법이 능란하고 훌륭하여
꽃비가 내리고 돌사람이 끄덕여도

알음알이 가지고는 생사를 면치 못하니
생각하면 할수록 허망하기 뜬구름일세.

〈해설〉

　부설거사는 삼국시대 김제에서 활동한 승려로 성은
진(陳), 이름은 광세(光世), 자는 의상(宜祥)이다. 경주
출신으로 신라 선덕여왕 때 태어나 20세에 불국사 원
정선사(圓淨禪師)를 찾아 출가했다.

　일심(一心)으로 정신을 집중해 염불과 불경 공부 등
수도생활에 정진해 경학(經學)이 높은 경지에 이르자
그의 명성은 높아졌다. 경서(經書)에 밝고 글을 잘 짓는
덕망 높은 스님들도 부설을 불법의 상량으로 존경하고
사모할 정도였다.

　불법에 정진하던 부설은 영희(靈熙)·영조(靈照) 법우
와 함께 지리산·천관산(天冠山)·능가산(楞伽山) 등지
에서 수년간 수도했다.

　어느 날 문수도량(文殊道場)을 순례하기 위해 오대산
으로 가던 중 현재 전라북도 김제시 성덕면의 '구무원
(仇無冤)'이라는 불교신자의 집에 머물렀다. 당시 구무
원에는 방년(芳年)의 무남독녀 묘화(妙花)가 있었는데,
벙어리였던 그녀가 부설을 보더니 갑자기 말문이 터진
것이다.

묘화는 "소녀는 부설 스님과 전생(前生)은 물론 금생 (今生)에도 인연이 있어 인과의 도리를 따르는 것이 불법이다."며 "전생과 금생 그리고 후생의 삼생연분(三生緣分)을 이제야 만났으니 죽기를 맹세하고 스님을 남편으로 섬기겠다."고 고백했다.

그러나 부설이 승려의 본분을 들며 이를 거절하자 묘화는 자살을 기도했다. 이에 부설은 "자작자수(自作自受)와 인(因)으로 하여금 과(果)를 따르는 법이다."며 스스로 거사라 자칭하고 묘화의 집에 머무르기로 했다. 결국 부설과 묘화는 마을 사람들이 지켜보는 가운데 혼례식을 올렸다.

부설거사는 묘화 부인과 15년간 살면서 아들 등운(登雲)과 딸 월명(月明)을 낳았는데, 아이들이 성장하자 부인에게 맡기고 백강 변의 초가에서 참선하기 시작했다. 바로 이곳이 지금의 김제시 진봉면 심포리의 망해사(望海寺)이다.

훗날 영희와 영조 대사가 부설거사를 찾아와 희롱하는 태도를 보였다. 그러자 부설거사는 "신령스런 빛이 홀로 나타나 뿌리와 티끌을 멀리 벗어 버리고 몸에 본성의 진상이 삶과 죽음을 따라 옮겨 흐르는 것은 병이 깨어져 부서지는 것과 같다. 진성은 본래 신통하고 영묘하며, 밝음이 항상 머물러 있는 것은 물이 공중에 매

달려 있는 것과 마찬가지다."며 "그대들은 높은 스승을 두루 찾았고 오랫동안 총림(叢林)에서 세월을 보냈는데 어찌 생(生)과 멸(滅)을 자비심으로 돌보고 보호하며 진상(眞常)을 삼고 환화(幻化)를 공(空)으로 하여 우주에 존재하는 모든 사물의 본성을 지키지 못하는가. 다가오는 업(業)에 자유가 없음을 증험하고자 하니 상심(常心)이 평등한가, 평등하지 못한가를 알아야 한다."고 설법(說法)한 후 임종게(臨終偈)를 남기고 단정히 앉아 입적(入寂)했다.

영희와 영조는 부설거사를 다비(茶毘)한 후 사리를 변산 묘적봉(妙寂峰) 남쪽에 안치했다. 부설거사의 아들과 딸은 그때 출가해 수도자의 길을 걸었으며, 묘화 부인은 110세까지 살다가 죽기 전에 집을 보시해 절로 만들었다.

부설거사에 관한 이 이야기는 조선 후기에 편찬한 『영허대사집(暎虛大師集)』에 수록되어 있다.

3. 나옹선사(懶翁禪師) 토굴가(土窟歌)

청산림(青山林) 깊은 골에 일간토굴(一間土窟)
　지어놓고
송문(松問)을 반개(半開)하고 석경(石耕)을 배
　회하니
녹양(綠楊) 춘삼월하(春三月下)에 춘풍(春風)이
　건듯 불어
정전(庭前)의 백종화(百種花)는 처처(處處)에
　피었는데
풍경(風景)도 좋거니와 물색(物色)이 더욱 좋다.

그 중에 무슨 일이 세상에 최귀(最貴)한고
일편무위(一片無爲) 진묘향(眞妙香)을 옥로중
　(玉爐中)에 꽂아두고
적적한(寂寂) 명창하(明窓下)에 묵묵히 홀로 앉

아

십년을 기한정(期限定)코 일대사(一大事)를 궁
구(窮究)하니

증전(曾前)에 모르던 일 금일(今日)에야 알았
구나.

일단고명(一段孤明) 심지월(心地月)은 만고(萬
古)에 밝았는데

무명장야(無明長夜) 업파랑 (業波浪)에 길 못 찾
아다녔도다.

영축산(靈蹴山) 제불회상(諸佛會上) 처처(處處)
에 모였거든

소림굴(少林窟) 조사가풍(祖師家風) 어찌 멀리
찾을소냐.

청산(靑山)은 묵묵(默默)하고 녹수(綠水)는 잔
잔한데

청풍(淸風)이 슬슬(瑟瑟)하니 어떠한 소식인가.

일리재평(一理齊平) 나튼 중에 활개(活計)조차
구족하다

천봉만학(千峰萬壑) 푸른 송엽(松葉) 일발중(一

鉢中)에 담아두고

백공천창(百孔千瘡) 깁은 누비 두 어깨에 걸었
으니

의식(衣食)에 무심(無心)커든 세욕(世慾)이 있
을소냐.

욕정(欲情)에 담박(淡泊)하니 인아사상(人我四
相) 쓸데없고

사상산(四相山)이 없는 곳에 법성산(法性山)이
높고 높아

일물(一物)도 없는 중에 법계일상(法界一相) 나
투었다.

교교(皎皎)한 야월하(夜月下)에 원각산정(圓覺
山頂) 선뜻 올라

무공저(無孔笛)를 빗겨 불고 몰현금(沒絃琴)을
높이 타니

무위자성(無爲自性) 진실락(眞實樂)이 이중에
갖췄더라.

석호(石虎)는 무영(舞詠)하고 송풍(松風)은 화
답(和答)할제

무착령(無着嶺) 올라서서 불지촌(佛地村)을 굽

어보니

각수(覺樹)에 담화(曇花)는 난(爛) 만개(滿開)더라.

나무 영산회상 불보살(南無 靈山會上 佛菩薩)

나무 영산회상 불보살(南無 靈山會上 佛菩薩)

나무 영산회상 불보살(南無 靈山會上 佛菩薩)

〈풀이〉

　나무가 우거진 깊은 산골에 한 칸의 토굴을 지어 놓고, 소나무 문을 반쯤 열어놓고, 돌밭 길을 포행(布行)하니, 시절은 버들가지 푸른 춘삼월 봄날에 훈훈한 봄바람이 건듯 불어오고, 뜰 앞에는 여러 가지 이름 모를 꽃이 여기저기 만발하였노라. 풍경은 말할 것도 없고 봄날의 싱그러운 자연의 빛깔들이 더욱 좋도다.

　이런 것 중에서 무슨 일이 세상에서 제일 귀하고 중요한 것인가?

　잠시의 인연화합에 의해 조작된 것이 아니며, 생멸하지 않고, 인과가 없고 번뇌가 없는 불생불멸하는 진짜 묘한 법(法)향을 옥향로에 꽂아두고 아주 고요한 밝은 창가에 묵묵히 홀로 앉아 십년은 죽었다 생각하고 이 도리(생사 없는 도리)를 기필코 깨치고야 말겠다는 마음으로 정진하노라.

위와 같이 하면 일찍이 모르던 일을 어느 날 갑자기 깨우쳐 생사뿐 아니라 세상과 자연의 이치가 한눈에 들어와 죽고 사는 데 매이지 않고 세상사 그대로가 극락이요 불국토이거늘.

세상사람 다 모르는 일을 나 혼자 훤히 깨달아 마음의 달이 밝게 떠오르는구나. 알고 보니 그것은 이미 아주 오랜 옛날부터 밝게 떠 있었지만 모르고 지냈을 뿐이었네.

근본 무지에 쌓여 있다 보니 어둡고 긴 밤 같은 전생과 현생의 업에 끌려 번뇌와 불안 속에서 참 행복이 무엇인지 모른 채 세속을 헤매고 다닌 것이지.

깨닫고 보니 부처님 생존 당시 부처님이 영축산에서 설법하실 때와 같이 풀 한 포기 돌멩이 하나가 다 무상설법을 하고 있는데, 달마조사가 소림굴에서 면벽수도 하면서 마음과 마음으로 전하는 불법을 어찌하여 멀리서 찾겠는가?

청산은 아무 말이 없고 맑은 물만 잔잔히 흐르는데, 시원한 맑은 바람 슬슬 불어오니 이것이 어떠한 깨침의 도리인가?

밝은 이치가 확연히 드러나니 살림살이(어디에도 매달리거나 집착하지 않아 대자유인이 된 넓은 마음)가 풍족할 수밖에…. 이렇게 깨친 다음에야 먹고 마시는 데 매이겠는가?

천 개의 봉우리와 만 개의 골짜기가 어우러진 깊은 산골의 맑은 물과 솔잎, 풀잎을 나무 그릇 하나에 담아 일용하는 양식이 기름진 진수성찬보다 더 맛있노라. 먹는 것에 관심이 없는데 입는 것에 무슨 관심이 있겠나?

백 구멍이 나면 어떻고 천 구멍이 나면 어떠랴, 임금의 용포보다 더 값진 것을…. 의식주에 관심이 없는데 세상사 욕락(慾樂)에 무슨 관심이 있겠는가?

탐·진·치(貪·瞋·癡) 삼독(三毒)이 다 과욕 때문이거늘 욕심이 없으면 근심이 없는 법, 그대로가 바로 극락이어라. 부질없는 세속적인 욕심이 없어 깨끗해지니 잘못된 집착들이 붙을 곳이 없고, 위와 같은 4상(四相)이 없으면 당연히 진짜 나의 참모습[眞我]이 훤하게 드러나므로 그것이 진짜 나의 법성(法性: 참모습, 참부처)이리라. 이쯤 되면 만물이 부처 아님이 없고 법문 아님이 없는 가운데 나(진짜 참 나)의 법성만 뚜렷이 밝으리라.

달빛이 교교(皎皎)한 달밤에 완전히 깨달은 열반의 언덕에 선뜻 올라서면 형상에 대한 집착이 없으리라. 하물며 구멍 없는 피리를 불지 못하고, 줄 없는 가야금을 타지 못할 이유가 그 어디 있으리오.

인위적으로 조작되고 생멸하지 않는 진짜 자신의 참모습, 근본 마음, 즉 인간이 가지고 있는 본래의 불성

(이를 도통 모르는 일반인들이 뜻도 모르면서 자신이 곧 부처라고 하는 말)을 자성(自性)이라고 하거늘. 이를 깨달아 자성이 확연히 드러나면 그것보다 더한 즐거움이 어디 있으리오.

얼마나 즐거운지 돌사자가 춤을 추고 솔바람이 화답을 할까? 각성(覺醒)의 희열은 깨달은 자만이 아는 법이다.

부처의 경지에서 아래를 내려다보면 모든 세상사 그대로가 부처 아닌 것이 없고, 그 자체가 그대로 부처이거늘…. 온 천지가 부처님 세계이고 극락이라. 그대로다 깨달음의 나무에 우담바라가 만발하게 피었더라.

☞ 무착령(無着嶺): 무위(無爲)와 비슷한 뜻으로 어떤 것에도 집착하거나 얽매이지 않는 깨달음의 경지.

〈해설〉

나옹선사는 인도의 고승 지공(指空) 스님의 제자로 조선왕조 건설에 큰 공을 세운 무학(無學) 스님의 스승이다.

고려의 명승 나옹화상(법명 惠勤, 1320~1376)은 설봉산 기슭을 오르다가 초라한 장의 행렬과 마주쳤다. 스님은 아랫마을 돌이 어멈의 왕생극락을 기원하는 염불을 해주고 길을 재촉했다.

부득불 마음이 착잡했던 스님은 불현듯 출가 전의 일

이 떠올랐다. 스님은 스무 살 때 친한 친구가 갑자기 병으로 떠나자 죽음에 대한 인생의 고뇌로 곧장 공덕산 요연 스님을 찾았다.

요연 스님은 나옹의 뛰어난 공부 실력을 안 후 다른 스승을 찾으라고 권하자 나옹은 중국으로 구법의 길을 떠났다.

나옹은 연경 법원사에서 인도의 지공 화상을 만나 계오(契悟)했다. 수년 후 어머니의 타계소식을 들은 나옹 스님은 구천을 맴도는 어머니를 천도하기로 결심했다. 스님은 설봉산 기슭 영월암 법당 뒤의 큰 바위에 모셔진 마애지장보살님 앞에서 어머니의 천도 기도를 시작했다.

기도가 다 끝나갈 무렵 지장보살이 자신의 기도에 눈물을 흘리는 데 감복한 나옹은 어머니의 천도왕생 모습을 보았다.

그 이후부터 영월암 지장보살 앞에는 선망부모의 왕생극락을 빌며 자신의 업장을 소멸하려는 불자들의 발길이 이어지고 있다.

4. 경허(鏡虛)선사 참선곡(參禪曲)

홀연(忽然)히 생각하니 도시몽중(都是夢中)이
　로다

천만고(千萬古) 영웅호걸(英雄豪傑) 북망산(北
　邙山) 무덤이요

부귀(富貴) 문장(文章) 쓸데없다 황천객(黃泉
　客)을 면(免)할소냐

오호(嗚呼)라 이내 몸이 풀끝에 이슬이요 바
　람 속에 등불이라

삼계대사(三界大師) 부처님이 정녕(叮嚀)히 이
　르사대

마음 깨쳐 성불(成佛)하여 생사윤회(生死輪廻)
　영단(永斷)하고

불생불멸(不生不滅) 저 국토(國土)에 상락아정

(常樂我淨) 무위도(無爲道)를

사람마다 다할 줄로 팔만장교(八萬藏教) 유전
(遺傳)이라

사람 되어 못 닦으면 다시 공부(工夫) 어려우
니 나도 어서 닦아보세

닦는 길을 말하려면 허다(許多)히 많건마는
대강(大綱) 추려 적어보세

앉고 서고 보고 듣고 착의끽반(着衣喫飯) 대인
접화(對人接話)

일체처(一切處) 일체시(一切時)에 소소영영(昭
昭靈靈) 지각(知覺)하는 이것이 무엇인고

몸뚱이는 송장이요 망상번뇌(妄想煩惱) 본공
(本空)하고

천진면목(天眞面目) 나의 부처 보고 듣고 앉고
눕고 잠도 자고 일도 하고

눈 한번 깜짝할제 천리만리 다녀오고 허다(許
多)한 신통묘용(神通妙用)

분명(分明)한 이내 마음 어떻게 생겼는고?

의심(疑心)하고 의심(疑心)하되 고양이가 쥐
잡듯이

주린 사람 밥 찾듯이 목마른 이 물 찾듯이

육칠십(六七十) 늙은 과부(寡婦) 외자식(子息)
　을 잃은 후에

자식(子息) 생각 간절하듯 생각생각 잊지 말고

깊이 궁구(窮究)하여 가되 일념만년(一念萬年)
　되게 하여

폐침망찬(廢寢忘饌)할 지경(地境)에 대오(大悟)
　하기 가깝도다

홀연(忽然)히 깨달으면 본래(本來) 생긴 나의 부처

천진면목(天眞面目) 절묘(絶妙)하다

아미타불(阿彌陀佛)이 아니며, 석가여래(釋迦
　如來)이 아닌가

젊도 않고 늙도 않고 크도 않고 작도 않고

본래(本來) 생긴 자기영광(自己靈光)

개천개지(蓋天蓋地) 이러하고 열반진락(涅槃眞
　樂) 가이없다

지옥 천당(地獄天堂) 본공(本空)하고 생사윤회
　(生死輪回) 본래(本來) 없다

선지식(善知識)을 찾아가서 요연(了然)히 인가
　(印可)받아

다시 의심(疑心) 없앤 후에 세상만사(世上萬事) 망각(忘却)하고

수연방광(隨緣放曠) 지내가되 빈 배같이 떠 놀면서

유연중생(有緣衆生) 제도(濟度)하면 보불은덕(報佛恩德)이 아닌가?

일체계행(一切戒行) 지켜 가면 천상인간(天上人間) 복수(福壽)하고

대원력(大願力)을 발(發)하여 항수불학(恒隨佛學) 생각하고

동체대비(同體大悲) 마음먹어 빈병걸인(貧病乞人) 괄세(恝視) 말고

오온색신(五蘊色身) 생각하되 거품같이 관(觀)을 하고

바깥으로 역순경계(逆順境界) 몽중(夢中)으로 관찰(觀察)하여

희로심(喜怒心)을 내지 말고 허령(虛靈)한 이내 마음

허공(虛空)과 같은 줄로 진실(眞實)히 생각하여

팔풍오욕(八風五慾) 일체경계(一切境界) 부동(不動)한 이 마음을

태산(泰山)같이 써 나가세

허튼소리 우스개로 이 날 저 날 다 보내고
늙는 줄을 망각(忘却)하니 무슨 공부 하여 볼까
죽을 제 고통 중에 후회한들 무엇 하리
사지백절(四肢百節) 오려내고 머릿골을 쪼개
　　는 듯
오장육부(五臟六腑) 타는 중에 앞길이 참참하니
한심참혹(寒心慘酷) 내 노릇이 이럴 줄을 누가 알고
저 지옥과 저 축생(畜生)에 나의 신세(身世) 참
　　혹(慘酷)하다
백천만겁(百千萬劫) 차타(蹉跎)하여 다시 인신
　　(人身) 망연(茫然)하다

참선(參禪) 잘한 저 도인(道人)은 앉아 죽고 서
　　서 죽고
앓지도 않고 선탈(蟬脫)하며 오래 살고
곧 죽기를 마음대로 자재(自在)하며
항하사수(恒河沙數) 신통묘용(神通妙用) 임의쾌
　　락(任意快樂) 자재하니
아무쪼록 이 세상(世上)에 눈코 쥐어뜯고 부
　　지런히 하여 보세

오늘 내일 가는 것이 죽을 날에 당도하니
푸줏간에 가는 소가 자욱자욱 사지(死地)로세

예전 사람 참선할 제 촌음(寸陰)을 아꼈거늘
나는 어이 방일(放逸)하며 예전 사람 참선할 제
잠 오는 것 성화하여 송곳으로 찔렀거늘
나는 어이 방일하며 예전 사람 참선할 제
하루해가 가게 되면 다리 뻗고 울었거늘
나는 어이 방일한고 무명업식(無明業識) 독(毒)
　　한 술에
혼혼불각(昏昏不覺) 지나가니 오호(嗚呼)라 슬
　　프도다.

타일러도 아니 듣고 꾸짖어도 조심(操心) 않
　　고 심상(尋常)히 지나가니
혼미(昏迷)한 이 마음을 어이하여 인도(引導)
　　할고.
쓸데없는 탐심진심(貪心嗔心) 공연(空然)히 일
　　으키고
쓸데없는 허다분별(許多分別) 날마다 분요(紛
　　擾)하니
우습도다 나의 지혜 누구를 한탄(恨歎)할고.

지각(知覺) 없는 저 나비가 불빛을 탐(貪)하여
　서 저 죽을 줄 모르도다.
내 마음을 못 닦으면 여간계행(如干戒行) 소분
　복덕(小分福德) 도무지 허사로세
오호라 한심(寒心)하다

이 글을 자세(仔細) 보아 하루에도 열두 때며
밤으로도 조금 자고 부지런히 공부하소.
이 노래를 깊이 믿어 책상 위에 펼쳐 놓고 시
　시(時時) 때때 경책(警策)하소.
할 말을 다하려면 해묵서이부진(海墨書而不盡)이라.
이만 적고 끝내오니 부디부디 깊이 아소.
다시 할 말 있사오니 돌장승이 아이 나면 그
　때에 말하리라.

〈해설〉
　수행의 종교인 불교는 존재의식을 자각하고, 삶에서 소
중한 것이 무엇인지 궁구(窮究)하게 하며, 진정한 행복의
길[離苦得樂]을 제시한다. 불조(佛祖)의 진리가 넘쳐나는
데도 우리는 왜 번뇌의 구렁에서 헤어나지 못할까?
　「참선곡」은 사찰 불교대학에서 선학 강의를 할 때마
다 불자들과 함께 자주 독송한다. 서산 휴정도 선시(宣

示)에서 "만국의 도성은 개미집과 같고 천하의 수많은 호걸들도 하루살이 에 불과하다."고 전했다.

이는 인간에게 재물과 명예보다 더 소중한 뭔가를 일깨우는 대목으로 "우리 삶에서 진정 가치 있는 삶이 무엇인가?"를 사유하도록 주문한다.

19~20세기 중반 중국의 선(禪)을 개혁한 선사가 허운(虛雲, 1840~1959)이다. 대만이나 해외에 체류하는 중국 선사들의 대부분이 허운의 법맥(法脈)이다. 현재 중국의 선은 허운이 아니었다면 존재하기 힘들었다.

바로 이 허운과 비교할 만한 우리나라의 선사가 경허이다. 즉 경허가 없었다면 현재 한국의 선이 제대로 존립했을지 의문이라는 얘기다.

전주 출신인 경허성우(鏡虛惺牛, 1849~1912)의 법호는 경허(鏡虛), 법명은 성우(惺牛)이다. 경허는 9세 때 어머니의 손에 이끌려 경기도 과천 청계산으로 출가했다. 계허에게 득도해 5년을 보내고, 13세에 한학을 배웠다. 14세에 스승 계허가 경허를 동학사 만화 강백에게 소개해 경전을 공부하기 시작했다. 경허는 23세에 동학사에서 경전을 강의했다.

경허는 1880년 31세에 용암(龍巖)의 법통을 이었으며 서산 휴정의 11대손, 환성 지안의 7대손이라고 스스로 밝혔다(현재 법맥은 이 기준에 따름).

그러나 이렇게 법통을 거론하지만 경허는 무사독오 (無師獨悟)한 셈이다. 선사는 서산 천장암으로 옮겨 보림(保任)했다.

「경허집」에 따르면 선사의 보림 과정은 다음과 같이 전한다.

"한 벌 누더기옷으로 추운 겨울이나 찌는 여름에도 갈아입지 않았다. 스님의 옷 속에는 빈대와 이가 득실거려 온몸이 헐어 있을 정도였다. 누워 있을 때 구렁이가 배에 기어다녀도 태연했고, 구렁이가 어깨와 등을 타고 다녀도 전혀 요동하지 않았다."

선사가 이곳에 머물 때 1884년 수월(水月)이 왔고, 한 달 후 14살의 어린 동자 만공이 왔으며, 비슷한 시기에 혜월(慧月)이 입문했다. 이들은 모두 선사의 제자들로 '세 달(三月)'이라고 불린다(수월은 상현달, 혜월은 하현달, 만공은 보름달).

선사는 충남 일대 개심사와 부석사를 왕래하면서 선풍(仙風)을 드날렸다. 이후 20여 년 도처 곳곳 사찰에서 선풍을 떨치며 제자들을 지도했다.

1898년 50세에 범어사에 최초의 선원을 개설했다. 다음해 해인사로 옮겨가 대장경 인출 불사와 수선사(修禪社)를 설치하는 불사에 법주(法主)로 추대됐다.

또한 경허는 해인사에서 결사문(結社文)을 쓰고, 그

다음해 조계산 송광사에 머물다 실상사 백장암 중수문(重修文)을 작성했다. 선사는 영호남을 오가며 선풍을 전개하는 도중 54세에 범어사에서 『선문촬요(禪門撮要)』를 편찬한다.

경허는 1904년 56세 때 천장암으로 돌아온다. 선사는 천장암에서 염불승 무용(無用)을 만나 '참선곡'과 '중노릇 잘하는 법'을 가사문학으로 만들었다. 다음해 57세에 광릉 봉선사 월초스님을 만나고, 오대산 금강산을 거쳐 안변 석왕사에서 오백나한 개분불사 증명법사로서의 모습을 마지막으로 자취를 감췄다.

경허는 삼수갑산에서 박난주로 개명하고 서당 훈장을 하다가 1912년 4월 64세에 갑산 웅이방 도하동에서 입적했다. 1913년 만공과 혜월이 갑산으로 가서 스승의 시신을 꺼내어 다비했다. 선사는 집착 없는 자재(自在)함으로 참 자유를 즐기다 헌 옷을 버리고 새 옷을 갈아입는 것처럼 해탈 언덕으로 건너갔다.

5. 몽환가(夢幻歌)

몽환일세 몽환일세 세상만사 몽환일세
천상락이 좋다 하고 모든 세계 화택이니
그도 역시 몽환이요 인간세계 전륜왕이
만선복덕 제일이나 생노병사 못 면하니
그도 역시 몽환이요 역대왕후 고금호걸
그 당대는 자재하나 우비고뇌 못 면하고
죽어지면 허사되니 그도 역시 몽환이요
나의권속 지중하여 살아생전 보배이나
임종시에 이별하니 그도 역시 몽환이요
상감정승 부귀인이 위엄형세 웅장하나
임종시에 속수무책 그도 역시 몽환이요
진주보석 칠보영락 인간살이 큰 보배나
죽은 뒤면 무용하니 그도 역시 몽환이요
문장명필 백종기예 제일이라 지랑해도

임종시엔 허망하고 백천고통 뿐이리니
그도 아니 몽환인가 여보 세상 사람들아
사대육신 튼튼하고 육근관찰 분명할 때
몽환세간 간탐 말고 일체세간 천만사가
몽환인 줄 확신해서 몽환삼매 몰입하여
아미타불 대성호를 일념중에 상실 않고
십이시중 주야 없이 부지런히 염불하여
저 극락에 어서 가세 우리 세존 대법왕이
백천방편 베플으사 화택중생 제도할 때
금구정녕 설하기를 백천만억 국토 중에
극락이라 하는 세계 서방 저쪽 찬란한데
시방세계 염불중생 죽을 때를 당하오면
아미타불 대성존이 그중생을 데려다가
연화대에 탄생하니 몸빛 광명 진금이요
대인상호 구족하며 칠보궁전 상묘의식
생각대로 절로 생겨 마음대로 입고먹고
생노병사 괴로움과 걱정 근심 전혀 없고
수명장수 무궁하여 무상쾌락 받으면서
생사고통 아니 받고 아미타불 수기 얻어
무상보리 증득하고 지혜신통 자재하며
선근공덕 만족하여 보살도를 성취하니
대각세존 이 아닌가 아미타불 대성존이

사십팔원 굳게 세워 일체중생 제도하여
연화대로 인도할 때 반야선을 크게 지어
노자 없고 뱃삯 없는 애욕바다 빠진 중생
반야선에 태워다가 생사대해 건너갈 때
아미타불 선주 되고 관음세지 선원 되어
사십팔원 노를 저어 안양국에 들어가니
황금으로 땅이 되고 백은으로 성이 되어
칠겹 난순 둘러 있고 칠겹 그물 덮혀 있어
부는 바람 청량하고 밝은 광명 눈부시네
금은유리 일곱 보배 곳곳마다 충만하고
백천풍악 진동하니 소리마다 염불이요
팔공덕수 연꽃못에 오색 연꽃 영롱한데
한결같이 광명 놓고 색채마다 찬란하네
여보 세상 사람들아 생사장야 어둔 밤에
몽한 꿈결 어서 깨어 노는 입에 염불하되
가고오고 일하거나 말하거나 잠잠커나
움직이든 고요하든 언제거나 어디서나
아미타불 놓지 말고 날이 가고 달이 가서
자꾸 닦아 가노라면 저 극락에 아니갈까
오래도록 하노라면 허다망상 없어지고
염불삼매 성취하여 모진 악업 소멸하고
십만억토 극락세계 자심중에 나타나며

만덕존상 마이타불 방촌중에 뵙게 되네
마음 밖에 극락 없고 극락 밖에 마음 없어
내 마음이 아미타요 아미타가 자성일세
나의 일념 진실하면 왕생극락 하게 되고
아미타불 아니 볼까 인생일세 덧없으니
부귀영화 좋아한들 일장춘몽 다름 없고
인간칠십 오래던가 아침이슬 사라지네
견고한 것 하나 없고 진실한 것 안 보이네
허다망상 다 버리고 부지런히 염불하여
극락정토 어서 가세 오탁악세 나는 중생
과거죄악 지중해서 삼악도에 빙빙돌며
무량고통 받을 적에 우리 세존 대법왕은
그 중생이 불쌍하여 참회문을 열어놓고
노소남녀 할것없이 참회발원 하게 되면
무량죄업 소멸하고 자성미타 친견토록
고구정녕 설했건만 법의말씀 아니 듣고
냉소하며 뿌리친다 죄업 짓는 저 중생이
불쌍하고 기막히다 불에 던진 저 나비와
고치 짓는 저 누에는 불보살의 대원인들
무슨 도리 있겠는가 업보인과 지은 대로
무간지옥 떨어지면 나올 기약 망연하네
일념지성 참회하여 극락발원 굳게 세워

시시각각 명심하여 노는 입에 염불하소
극락 가려 발원하면 염라대왕 문서중에
내 이름을 기억하고 염불수행 정도 맞춰
연꽃 접심 자라나서 눈빛 잃고 죽은 후에
그 연꽃에 탄생하니 기쁨 마음 한량없네
애욕심에 사로잡혀 만당처자 애착하고
금은옥백 탐을 낸들 목숨 다해 돌아갈 때
어느 처자 대신 가며 금은 가져 노자할까
생사장야 험한 길에 나의 고혼 홀로 가되
사자 한쌍 동행하여 번개같이 몰아치네
선근공덕 없아오면 삼악도의 험한 구렁
화살같이 들어가니 남염부제 나는 사람
굳은 신심 충분 못해 아침녁에 신심 내다
저녁나절 퇴타하니 무슨 효험 있을손가
염불 믿음 안할 때에 연화대에 새긴 이름
저절로 없어지고 연화점점 말라 버려
악도중생 도로 되니 애닳고도 원통하다
염불하는 어떤 사람 평시에는 염불타가
병이 들면 염불 없이 아픈 것만 생각하고
살기만을 애쓰다가 생노병사 빠른 길에
삼백육십 골절마다 무상살귀 달려들어
바람칼로 도려낼 때 두려워서 손발 젓고

호흡 사이 죽는 인생 맑은 정신 혼침하여
명도귀계 던진 후에 임종 염불하여준들
무슨 효험 있겠는가 도적 간 뒤 문을 닫고
무슨 소용 있단 말가 여보 세상 사람들아
우리 세존 대법왕이 일체중생 제도코자
대법고을 크게 치고 삼계옥문 열어놓고
구속중생 건지려고 대비방편 일러준들
문을 박차 안 나서면 그런 중생 어리 하리
생전 약간 염불타가 악한 업을 못 이겨서
죄업만큼 떨어지니 평생 적공 쓸데없네
생전에 염불하여 임명종시 쓰잤더니
바른 생각 잊어버려 악한 업을 쫓아가니
염불공덕 쓸데없네 만일 병이 들거들랑
생사무상 바로알고 이내 몸이 허환하여
괴로움이 무량하니 연화대에 탄생키를
일념으로 기다리고 일심으로 염불하소
만일 병이 심증해도 잡귀에게 빌지 마오
수명장단 정해진 걸 잡귀신이 어이 하리
병중고통 풍부인은 염불로서 병 고쳤고
눈 어둡던 장씨녀는 염불하고 눈 떴으니
나의 정성 지극하면 이런 효험 역력하다
염불 비방하는 사람 전생덕을 쌓았기에

금생복을 받을지나 금생 비방하는 죄는
결코 후세받으리라 염불비방 부디 마오
선성비구 시자되어 이십년간 시불해도
생함지옥 하였으니 그 아니 무서운가
자고이래 살피건데 승속남녀 존비귀천
내지죄악 범부라도 지성으로 염불하면
왕생극락 틀림없다 만고호걸 남자들아
장생불사 바랬지만 어젯날에 성튼 몸이
오늘 황천객이로다 무엇 하나 장구할까
여보 세상 사람들아 잠을 깨소 잠을 깨소
조개같이 둔한 것도 천년이면 잠 깨는데
언제부터 취한 잠이 몇 부처가 출세토록
어찌 그리 안 깨는가 이제라도 잠을 깨서
몽환세계 탐착 말고 시시때때 염불하여
저 극락에 어서 가세 그 세계를 들어가면
삼계화택 잃은 집을 여래집에 찾게 되고
삼악길에 잃은 옷은 인욕으로 갈아입고
육도순환 하던 자리 법공경지 안좌하며
환망진구 모든 허물 팔공덕수 목욕하고
탐진번뇌 더운 땀을 보리수에 드리우고
몽환부처 증득한 후 몽환비지 운전하여
몽환중생 제도하고 법의성품 넓은 뜰에

마음대로 노닐면서 무생 노래 불러보세
나무아미타불 나무관세음보살
나무아미타불 나무관세음보살
나무아미타불 나무관세음보살

〈해설〉

「몽환가」는 작자와 연대 미상의 4음보 율격 불교가
사이다. 같은 제목으로 여러 이본이 전하는데, 분량의
차이는 있지만 서사—본사—결사의 3단 구성이 많다.

「몽환가」와 유사한 내용의 가사로 「몽환별곡」이 있
다. 두 작품은 같은 주제를 상이한 방식으로 풀어낸 차
이가 있다. '몽환가' 류로 묶일 수 있는 작품으로는 「몽
환가」(『석문의범』, 147행), 「몽환가」(『역대가사문학전집』
1740번, 145행), 「몽환가」(『서방금곡』, 『역대가사문학전집』
1741번, 155행), 「몽환가」(『증도가』, 38행) 등이 있다.

이들 내용은 육신이 건강할 때 일체세간이 다 몽환임
을 깨닫고 염불하여 극락세계에 왕생할 것을 권한다.

불교의식집인 『석문의범』에 수록된 「몽환가」를 중
심으로 살펴보면, 서사(1~16행)에서는 단도직입적으로
세상만사가 모두 한바탕 꿈이라고 단언했다. 구체적으
로 '천상락', '전륜왕', '역대왕후', '고금호걸', '나의 권
속', '출장입상 부귀인', '진보복장', '칠보영락', '문장

명필' 등 인생의 영화를 보여준다. 이들의 부귀영화도 임종시에는 모두 허망하다고 강조한다.

본사(16~132행)는 그 해결 방안을 제시했다. 일심으로 아미타불 대성호를 염불하면 극락왕생할 수 있다는 주제이다. 정토3부경(『무량수경』, 『관무량수경』, 『아미타경』)에 나오는 극락의 묘사와 왕생의 방법은 긴 것이 특징이다.

결사(133~147행)에서는 "여보 세상 사람들아 잠을 깨소 잠을 깨소"라며 탐진번뇌를 깨쳐 중생을 제도하고 법성토 넓은 뜰에서 무생곡(無生曲)을 불러보자고 당부한다.

「몽환가」에는 「몽환별곡」보다 몽환으로 제시한 세상사가 짧은 반면 극락의 환희상과 염불 공덕을 제시한 부분이 큰 비중을 차지한다. '몽환가'류 작품이 수록된 문헌은 대부분 수준 있는 승려에 의해 편찬됐다. 그만큼 「몽환가」는 「몽환별곡」에 비해 불교적 구심력이 큰 작품이다.

6. 권왕가(勸往歌)

오호라 슬프도다 삼계가 화택이요,
사생이 고해로다 어이하여 그러한고!

천상에 나는 사람 칠보궁전 수신하고
의식이 자연하여 쾌락이 무량하나
천복이 다하오면 오쇠고가 나타나서
삼도윤회 못 면하니 그도 아니 화택인가!

인간에 전륜왕은 이만부인 일만대신
일천태자 시위하고 칠보가 구족하여
사천하를 거느리고 위덕이 자재하나
그 복이 다하오면 업보를 못 면하여
고취에 떨어지니 그도 아니 화택인가!

천상인간 제일복도 오히려 저렇거든
황어요마 사서인의 빈궁고독 무량고를
다시 무엇 의논할까.

하물며 삼악도에 만사만생하는 고통
무량겁을 지내가니 놀랍고도 두렵도다
이러한 화택중에 어이하여 벗어날고.

1.
우리 세존 대법왕이 백천방편 베풀어서
화택제자 구원할 때 성교중에 하신 말씀!

십만억토 서편 쪽에 극락이라 하는 세계
황금으로 땅이 되고 백척진보 간착하여
산천강해 아주 없고 평탄광박 염려하여
밝은 광명 영철함이 천억일월 화합한 듯
곳곳이 보배나무 칠중으로 둘렀으니

어떤 나무 순금이요, 어떤 나무 순은이며,
또 다시 어떤 나무 황금으로 뿌리 되고
백은으로 줄기 되며 유리로 가지 뻗고
진주 잎이 번성커든 자거 꽃이 만발하여

54

마니 과실 열렸으며, 또 다시 어떤 나무
근경지는 황금이요 화과잎은 백은이며
가지가지 보배나무 금은유리 칠보로서
서로서로 섞였는데 칠중난순 둘러 있고
칠중라망 덮였으되 무비상묘 보배로다.

오백억천 묘화궁전 나뭇가지 사이마다 상하
  에 벌려 있고
오백억천 동자들이 그 궁전에 유희하되
광명 있는 마니주로 화만영락 장엄일세.

팔종청풍 건듯 불어 보수보망 나는 소리
미묘하고 청결하여 백천풍악 진동하니
그 소리 듣는 자는 탐진번뇌 소멸하고 염불심
  이 절로 나며
또 다시 그 나라에 백보색조 있사오되
백학이며 공작이며 가릉빈가 공명조라
주야육시 우는 소리 화아하고 비묘하여
무상법을 연설커든 듣는 자가 감동하여
염불심이 격발하며 또 다시 그 극토에
가지가지 하늘꽃을 주야육시 비주거든
중생들이 그 꽃으로 시방세계 제불전에 두루 가서

공양하고 순식간에 돌아오며 죄보여인 실로 없고
칠보로 생긴 못에 팔공덕수 충만하고 사색연
　화 피었다네.

시방세계 염불중생 임명종시 당하오면
아미타불 대성존이 그 중생을 데려다가
연화중에 화생하니 신색이 진금이오
대인상호 구족하여 칠보궁전 상묘의식
생각조차 절로 생겨 임의자재 수용하네.

2.

수량이 무궁하여 생로병사 우비고뇌
삼고팔고 도시 없고 불생불멸 불기불포
무량쾌락 수하오며 다시생사 아니 받고
미타성존 수기 입어 무생법을 증득하며
지혜신통 자재하고 공덕선근 만족하여
조살도를 성취하며 상선이니 취회하여
과거본행 의논할제
나는 과거 본행시에 염불삼매 성취하며
대승경전 독송하고 이 극락에 나왔노라.

나는 과거 본행시에 삼보전에 공양하고

국왕부모 충효하며 빈병걸인 보시하고
이 극락에 나왔노라
나는 과거 본행시에 욕되는 일 능히 참고
지혜를 수습하여 공경하고 하심하며
일체 사람 권화하여 염불시킨 공덕으로 이 극
　락에 나왔노라.

나는 과거 본행시에 탑사를 이룩하고
불도량을 소쇄하며 죽는 목숨 살려주고
청정계행 수지하여 삼귀오계 팔관재와
십선업을 수행하고 이 극락에 나왔노라.

나는 과거 본행시에 십재일에 목욕하고
제일성호 염송하며 비밀진언 지송하고
이 극락에 나왔노라
나는 과거 본행시에 우물 파서 보시하며
험한 도로 수촉하고 무거운 짐 대신 지며
새벽마다 서향하여 사성존께 예배하고
이 극락에 나왔노라.

나는 과거 본행시에 평원광야 정자 세워
왕래인을 쉬게 하며 유월염천 더운 때에

참외 심어 보시하고 큰 강수에 배 띄우고
작은 냇물 다리 놓아 왕래인을 통섭했네.

산고곡심 험한 길에 실로자를 지도하며
그믐칠야 밤길 가는 저 행인을 횃불 주며
앞 어두운 저 맹인이 개천구렁 건너거든
부축해서 인도하고 객사타향 거리 송장
선심으로 묻어주며 사고무친 병든 사람
지성으로 구원하고 이런 공덕 갖춰 닦아
이 극락에 나왔노라.

나는 과거 본행시에 십악오역 두루 짓고
무간지옥 가울러니 임종시에 선우 만나
겨우 십년 염불하고 이 극락에 나왔노라.

나는 과거 본행시에 삼악도중 수고러니
우리 효순 권속들이 나를 위해 공덕 닦아
이 극락에 나왔노라. 천차만별 본 행사를
이와 같이 의논할제 극락세계 공덕장엄
무량겁을 헤아려도 불가사의 경계로다.

어이하여 그러한고. 과거구원 무량겁에

유불출세 하오시니 세자재왕 여래시라.

그때에 전륜왕은 그 이름이 교시가라
국왕위를 버리시고 발심출가 비구되니
이름은 법장이라. 세자재왕 여래 전에
사십팔원 세우시니 하늘에서 꽃비 오고
대지세계 진동이라.

그 후로 무량겁을 난행고행 다겁하여
사십팔원 성취하사 극락세계 장엄하고
그 가운데 성도하니 우리 도사 아미타라!

3.

삼계화택 친구들아 오욕락만 탐착 말고
생사장야 꿈을 깨어 이 말씀을 결신하고
아미타불 대성호를 일심으로 외우시되
과거사도 분별 말고 미래사도 사랑 말고
삼계만법 온갖 것이 몽환일 줄 관찰하고
십이시중 주야 없이 어린아이 젖 생각듯

역경계도 아미타불 순경계도 아미타불
행주좌와 어묵동정 일체시와 일체처에

일념미타 놓지 마오.

일구월심 오래 하면 허다 정량 없어지고
염불삼매 성취하여 전후삼제 끊어지고
인아사상 무너지면 십만억토 극락세계
자심중에 나타나고 만덕존상 아미타불
방촌중에 뵈오리니 자성 외에 극락 없고
극락 외에 자성 없네.

내 마음이 아미타요 아미타가 자성일세.
시방세계 무변하나 나의 자성 변만하니
제 불심이 변만하고 내 지육도 중샘심도
낱낱 각각 변만하니 일이로되 일 아니요
다른 데도 불변일세.

한방 안에 일천등불 광명 각각 변만하되
서로서로 걸림 없네. 이마전지 이르오면
사바극락 둘 아니요 범부성인 따로 없어
처처극락 현전하고 념념미타 출세로다.

이같은 수행인은 임명종시 당하오면
팔만상호 장엄하신 보시미타 영접하사

실보토와 상적광토 상품연화 왕생하니
방가위지 대장부라

정토왕생 하는 법이 한 가지로 정함 없네.
근기 쫓아 무량하니 우리 극락 상선인의
본행 말씀하신 중에 내 근기에 맞는 대로
수분하여 수행하소.

천파만류 흐르는 물 한 바다로 들어가고
만행중선 모든 공덕 동귀극락 정토일세.

진실심만 판단하여 왕생하기 발원하면
임명종시 죽을 때에 근기대로 왕생하되
상근기는 상품 가고 중근하근 되는 이는
장륙팔척 회신미타 각각 영접하오시되

방편토와 동거토에 중근인은 중품연화
하근인은 하품연화 나의 생전 닦은 대로
어김없이 왕생하네.

아미타불 영접하되 나도 실로 간 바 없네.
아니 가고 아니 와도 성범이 재회하고

감응이 도교하여 영접하여 왕생하니
이 무슨 도리런고

청천에 밝은 달이 청강수에 비쳤으나
달이 실로 온 바 없고 물도 실로 아니 가되
강수가 증청고로 밝은 달이 나타나네.
만일 물이 흐르면 달그림자 없어지니
물의 청탁 탓이언정 달은 본래 거래 없네.
이도 또한 이 같아서 내 마음이 흐린 고로
불신을 못 보다가 임종일념 밝은 고로
불월이 나타나니 내 마음이 청탁 있지
불은 본래 거래 없네.

두 사람이 달을 보되 한 사람은 크게 보고
한 사람은 적게 보니 보는 안정 다름 있지
달은 본래 대소 없네.

염불 또한 이 같아서 팔만상호 보신불과
장육팔척 화신불이 근기 따라 나타나니
중생 지견 차별일 뿐 불은 본래 대소 없네.

하늘 사람 밥 먹을 때 보배 그릇 한가진데

과거 복덕 지은 대로 음식 빛이 부동하니
이도 또한 이 같아서 극락세계 하나이나
4종정토 9품연화 근기 좋아 각각 보네.

정토업을 수행할 때 의심을 품고 하면
이 목숨 마친 후에 명부에서 상관 않고
미타영접 아니하니 갈 곳 별로 없게 되네.
의성이라 하는 곳에 연태중의 몸을 받아
오백세를 복락 받고 다시 정업 닦은 후에
극락으로 왕생하니 필경에는 가더라도
5백세나 지체되어 아미타불 못 뵈오니
정토 발원하는 사람 결정신심 일으켜서 의심
    일랑 부디 마오.

만일 다시 분별하되 수행한 지 불구하여
원결보채 많이 져서 벗어나기 어려우면
임종시에 아미타불 영접하지 않을 테니
이 분별을 부디 마오.

정진수행 하더라도 이 분별이 장애되어
왕생 길을 막게 되니 여하약하 묻지 말고
필경왕생 하올 줄로 결정 믿음 이룩한 후

아미타불 한 생각을 단단적적 붙잡을 때
산란심이 동하거든 더욱 정신 가다듬소.

맑은 구슬 흐린 물에 첨벙하고 들어가면
흐린 물이 한순간에 청수처럼 맑아지고
산란할 때 정신 차려 아미타를 염불하면
어지러움 그 즉시로 부처님의 마음되리.

나의 화살 바로 가면 저 과녁을 못 맞출까.
보름달이 둥글기는 초승달로 시작이요
천리 먼 길 도달함은 첫걸음이 시작이라.
극락이 멀다하나 나의 일념 진실하면
닦은 결과 나타날 때 미타성존 아니 뵐까.

인생 일생 믿음 없이 백년광음 몽중이라.
달팽이 뿔 가관이나 그 무엇에 써 보리요.
부귀영화 좋다하나 달팽이 뿔 다름없네.

새벽이슬 구슬 된들 얼마 오래 보존할까.
인간 70 고래희라 새벽이슬 다름없네.
칼끝에 묻은 꿀을 어린 아이 핥아 먹다.

혀를 필경 상하거니 지혜인이 돌아볼까
맛은 좋고 죽는 음식 미련한 자 먹고 죽지.
지혜인이 그러할까

여보 오욕 즐기는 이 죽는 음식 그만 먹소.
생노병사 무서운 불 사면으로 불어오니
그 가운데 있지 말고 이 문으로 벗어나소.

삼계화택 내닫기는 정토문이 제일이니
고해 중에 빠진 사람 이 배를 어서 타소.
생사바다 건너기는 미타선이 제일이라,
바다 보배 천 가지나 여의주가 으뜸이요,
의약방문 만 가지나 무우산이 으뜸이네.

팔만사천 방편 문이 문문마다 들어가나
생사윤회 빨리 벗고 불법성에 바로 감은
정토문이 으뜸일세.

제불보살 출세하사 천경만론 이른 말씀
미타정토 칭찬하사, 고구정령 권하시니
성인 말씀 아니 듣고 누구 말을 신청하며
극락정토 아니 가고 다시 어디 갈 곳 있나.

오탁악세 나온 사람 과거 죄업 깊은 고로
이런 말씀 불신하여 비방하고 물러가니
불에 든 저 나비와 고치 짓는 저 누에를
그 누가 구제할까.

4.
정토수행 하는 사람 신구의를 조섭하여
선악업을 짓지 마소. 과거생사 무량겁에
육도사생 순환하니 여기 죽고 저기 날 때
부모 없이 나왔는가.

이를 좇아 생각컨대 혈기 있는 준동함령
다겁생의 부모님이 아닌 분이 하나 없다.
산목숨을 죽인 이는 살부살모 다름없네.

화엄경에 하신 말씀 혈기 있는 중생류가
필경 성불 한다 하니
살생하는 저 사람은 미래불을 죽임이라.
호생악사 하는 마음 나나 저나 일반인데
내 욕심을 채우려고 남의 목숨 죽이나니

형세강약 부동하여 죽인 바를 입사오나
맺고 맺는 원한심이 구천에 사무치네.
생사고락 순환하니 타일 3도 저 고통을
누가 대신 받아줄까.

검수도산 저 지옥에 근단골절 몇 번이며
확탕 노탄 저 지옥에 혈육 초란 방법 있나.
지옥 고를 마친 후에 피모대각 육축되어
목숨 빚을 갚을 적에 나는 한번 죽었건만
갚는 수는 무수하니 수원수구 한을 할까.

옛적에 한 엽사가 다섯 사슴 눈을 뺀 후
지옥고를 갖춰 받고 인간세상 태어나서
오백 겁을 눈을 잃는 인과응보 역연한데
어이 그리 믿지 않나.

아무리 빈궁해도 도적질을 부디 마오.
승야월장 하는 것만 도적 업이 아니오라
남의 재물 방편으로 비리횡취하는 것이
백주 대적 이 아닌가.

저울 달고 되 말 넘은 공평되게 하라 해도

주고받는 서로 간에 그 농간이 무수하니
야속하다 인심이여.

어이하여 그러한가.
부모자식 천륜이라 네 것 내 것 없건마는
옛적에 한 노모가 딸자식이 가난하여
백미 닷 되 퍼내어서 아들 몰래 주었는데
모자 같이 죽어서는 큰 말 되고
새끼 되어 그 아들을 태웠으니
모자간도 저러한데 남의 것을 따질 텐가.

아무리 욕심나도 사음일랑 부디 마오.
나의 처도 족하거든 남의 처첩 웬 말인고.
옛적에 한 사람이 남의 첩을 간통할 때
본부 볼까 두려워서 사면으로 살피더니
죽은 후에 아귀 되어 귀화의 치성으로
오장육부 모두 타며 사면철봉 타살하니
괴롭고도 무섭도다.

고인이 이르시되 구시화문이라 하니
입으로 짓는 허물 모른 결에 가장 많다
발설지옥 고를 보소 혀를 빼어 밭을 가니

거짓말로 남 속일까 양편 놓고 두 말하여
이간질을 하지 마오 백설조가 이 아닌가.

하물며 악담 죄는 그 중에도 더 중하니
옛적에 한사람이 한번 악담 행한 죄로 백두어
　가 되었어라.

또 옛적에 한 여인은 지은 허물 변명하려
가지가지 악담하고 죽은 후에 아귀 되어
제고기를 삶아내어 제가 도로 먹었으니
악담 부디 하지 마오.
남을 향해 하는 악담 내가 도로 받으리니
하늘로 뱉은 침이 내 얼굴에 안 내릴까.

술을 부디 먹지 마소.
술에 허물 무량하여 온갖 죄를 다 짓나니
술 집 묻는 말에 손으로 한번 가리키고
오백 겁을 손이 없는 과보를 받게 되니
하물며 어찌하여 친히 마신다 말인가.

의적이 술 빚으니 우임금이 멀리하고
나한이 대취하니 세존께서 꾸짖었네

술에 허물없다면 성인들이 금할손가
똥과 오줌 끓는 지옥 저 고통이 무서워라.

부디 탐심 내지 마오.
살도음망 많은 죄를 탐심으로 모두 짓네
옛적에 한 낭자는 재산 탐착 못 잊더니
죽은 후에 흰 개 되어 그 재물을 지켰으며
또 옛적에 한 사람은 황금 병을 두고 죽어
뱀의 몸을 받았으니 어찌 아니 무서운가.

부디 진심 내지마소.
성 낸 죄보 무량하여 팔만가지 장애 문이
한꺼번에 일어나네.

금강산에 홍도비구 다겁 생을 공부하여
부처되기 가깝더니 한번 성냄 일으키고
큰 뱀 몸을 받았으니 놀랍고도 두렵도다.

만일 사견 일으켜서 선악인과 불신하면
무간지옥 들어가서 천불출세 하더라도
나올 기약 전혀 없네.

고로 옛적 선성비구 이십년을 부처 모셔
십이부경 통달하고 사선정을 얻었더니
악지식을 인연하여 인과를 불신하다 지옥 빠
　집 하였으니
무량한 중생죄업 사견 죄가 으뜸이네.

파 마늘을 먹지 마오.
생으로는 진심 돕고 익힌 것은 음심 돕네.
담배 이름 다섯 가지 담악초며 분사초라
선신은 멀리하고 악귀가 뒤이으니
이 일을 알고 나서 차마 맛있게 먹을손가
이와 같이 무수하여 측량 할길 바이 업네.

5.

화택 중에 있는 중생 죄 없는 이 누구일까.
과거부터 이 몸까지 지은 죄를 생각하면
한량 업고 가이없네.

죄가 형상 있을진댄 허공계를 다 채워도
남은 죄가 많으리니. 이 죄업을 그저 두고
화택 어찌 벗어나며 어찌 극락왕생할까.

우리 세존 대법왕이 죄악 중생 슬피 여겨
참회문을 세우시니 승속남녀 노소 없이
지은 죄를 생각하여 참회심을 일으켜서
이참사참 두 가지로 삼보 전에 참회하소.

이참이라 하는 것은 죄와 자성 추구하되
두목수족 사대 색신 혈육피골 모든 중에
죄의 자성 어디 있나 육신 중에 없을진댄
색성향미 외 경계에 죄의 자성 어디 있나.

자세히 추구하되 안과 밖에 없을진대
중간인들 있을손가. 내외중간 모두 없어
죄성이 공적하다 죄성이 공적커니 죄상인들
  있을손가.
내 이 자성 청정하여 본래일물 걸림없네.
태허공에 새가 나니 새 자취가 어디 있나
자성 허공 청정하니 죄상 자취 있을손가.
담담허공 바람 일어 천파만랑 도도하나
바람 하나 그친 후에 천파만랑 간데없네.
나의 자성 바다 중에 현전일념 허망할 때
죄구파랑 분분하고 현전일념 진실하니
무한죄구 간데없네.

이치로는 이러하나 사상으론 또 다르다.
꿈이 비록 허망하나 흉몽에는 흉사 있고 길몽
　에는 길사 있네.
꿈이 일향 허망할새 죄가 비록 허망하나
후세 업보 분명하니 삼보신력 아니시면 죄를
　어찌 소멸할까.

아등도사 아미타불 사십팔원하신 말씀 내지
십악 오역인이 임종 시에 이르러서
지옥 악상 나타나되 내 명호를 지성으로
열 번만 일컬어도 염불소리 한마디에
80억겁 생사 죄가 춘설같이 녹아지고
하품왕생 한다하니 크시도다.
아미타여 고해 보벌 아니신가.
누천년을 기른 수풀 한 까치 불로 태우며
천년 암실 어두움을 한 등불로 파했어라
아미타불 한소리에 천마외도 공포하고
도산검수 부숴 지니 과연 삼계 도사로다.
정토법문 깊이 믿고 극락가기 발원하면
염라대왕 문서 중에 나의 성명 외워내고
극락세계 칠보 못에 연꽃하나 솟아나서
내 성명을 표제하고 나의 수행하는 대로

연화 점차 무성타가 안광락지 하게 될 때
그 연대에 태어나니 지금 염불하는 사람
비록 인간 있사오나 벌써 극락 백성이라.
동방세계 약사여래 8보살을 보내시고
서방세계 아미타불 스물다섯 대보살도
이 사람을 호위하며 시방제불 호념하고
천룡귀신 공경하여 천상인간 세계 중에
최존최귀 제일이라.

6.
만일 도로 퇴진하면 그 연화가 마른다니
생사윤회 차치하고 연꽃 아니 아까운가.

여보 염불 동무님네 부디부디 퇴전 마오
도도한 동류수는 창해바다 도달 전에
쉬는 일이 잠깐 없네.
최존최귀 사람 되어 무정수만 못 할손가.
우물에 돌 던져보소 중간에서 안 그치네.
한번 시작하는 일을 성취 전에 그칠손가.
남염부제 나온 사람 심성이 정함 없어
아침나절 믿다가도 저녁나절 퇴전하며
설사 오래 믿더라도 결정심이 전혀 없어

목전경계 보는 대로 다른 곳을 따라 가니
불쌍하고 가련하다.

만당처자 애착하고 금은옥백 탐심 두니
목숨 마쳐 돌아갈 때 어느 처자 따라오며
금은 가져 노자 할까.
생사광야 험한 길에 나의 고혼 홀로 가니
선심 공덕 없다면 삼악도의 깊은 구렁
화살같이 들어가네.

또 다시 어떤 사람 평시에는 염불하다
병이 들면 아주 잊고 아픈 것만 싫어하며
살기만을 바라다가 생사노두 걸쳐 있어
삼백육십 뼈마디를 바람칼로 에워내니
수망각난 손발 젓고 출입식이 다하여서
맑은 정신 벌써 떠나 명도귀계 던져진 후
임종염불 하여주니 무슨 효험 있으리오.

도적 간 뒤 문 잠그니 무엇을 잡으려나.
생전동안 지어놓은 약간 되는 염불공덕
악업 힘을 못 이겨서 수업승침 윤회하네.
평시에 병법 익혀 난리 때에 쓰려는데

적진 보고 물러나니 평시 적공 쓸데없네.
생전에 염불하여 임종 시에 쓰려 해도
정념에는 미혹하고 사마에는 순복하니
일생 염불 와해로다.

7.

여보시오 염불하는 동무님들
이 말씀을 자세하게 들어보소.
병고 만일 침노커든 생사무상 가끔 깨쳐
사는 데도 탐착 말고 죽는 데도 당당해서

이 세계를 싫어하여 극락가기 생각하며
이 몸이 허환하야 괴로움이 무량하니
연화대로 어서 가기 일심으로 기다리되
천리타향 십년 만에 고향으로 가는 듯이
부모 잃고 빌어먹다 부모 찾아 가는 듯이
만덕홍명 아미타불 지성으로 생각하며

술과 고기 들은 약은 부디 부디 먹지 말며
문병인과 시병인과 집안 권속 당부하되
내 앞에서 객담 말고 부드러운 애정으로
눈물 흘려 위로 말며 집 안 일도 묻지 말고

일심으로 염불하야 나의 정념 도와주며
내가 만일 혼미하면 가끔 깨쳐 권념하며

임종 시에 이르거든 서향으로 뉘어두고
일시 조념 염불하며 곡성을 내려거든
임종한지 오랜 후에 곡성을 내게 하소.
이같이 임종하면 평시 염불 못 했어도
즉시 서방 가올진대 황차 염불하는 사람
다시 무슨 의심할까 병이 비록 중하여도
귀신에게 빌지 마오.
수요장단 정한 것을 적은 귀신 어이할까.

부처님이 방광하니 방광 이름 견불이라
임종인을 권념하고 이 광명을 얻었으니
사람 짐승 물론하고 죽는 자를 만나거든
부디 염불하여 주오.

8.

여보 효순 권속들아 혼정신성 하온 후와
감지지공 받든 후에 염불 법문 봉권하소
생전에만 효순하고 사후고락 모른다면
지극효심 어디 있소.

부모님의 죄 되는 일 울음으로 간언하고
모든 선근 되는 일은 지성으로 권한 후에
부모 평생 지은 공덕 낱낱이 기록하고
깊은 병환 계시거든 탕약 드릴 때를 타서
염불도 권념하며 닦으신 선근 공덕
자세하게 알려드려 정념을 일으켜서
임종까지 이러 하면 바로 극락 가시나니
남의 자식 되는 사람 이 말씀을 잊지 마오.

우리 세존 석가님도 정반왕께 권한 말씀
아미타불 염불하사 극락으로 인도하며
중화국에 장로선사 어머니를 출가시켜
염불법문 권하실 때 권화문을 지으셔서
세출세간 두 효도를 갖춰 말씀하였으니
우리 불조 효행대로 일체인이 받드시오.

병 없는 이 염불함에 다병하다 비방 마오.
전세 죄업 중하여서 사후 지옥 가실 것을
지금 염불 공덕으로 지옥 죄를 소멸하고 가볍
　게 받음일세.
장병 있던 풍부인은 염불하고 병 나으며
눈이 어둔 양씨녀는 염불하고 눈 떴으니

나의 정성 지극하면 이런 효험 아니 볼까.
염불 비방하는 사람 부귀창성 한다 마소.
전세에 복을 심어 지금 부귀 하거니와
금세 비방하는 죄는 후세 필경 받으리다.
농사법을 살펴보소.
팥 심으면 팥이 나고 콩 심으면 콩이 나네.
지금 어떤 미련한 자
가시나무 심어두고 벼 피기를 기다리나.
사람의 몸 받아 나기 맹귀우목 어려우며
불법난봉 희유함이 우담화에 비하거늘
다행하다 우리들은 숙세 무슨 선근으로
사람 몸을 받았으며 불법까지 만났는가.
이런 불법 만났을 때 듣고서도 안 하는 이
불보살의 자비라도 그를 어찌 제도할까.

9.

백년을 지낸 후에 정명 일세 줄어드니
백년만큼 감하여서 삼십정명 되게 되면
기근겁이 일어나니 일체곡식 모두 없고
인상식을 서로 하여 칠년 칠월 이러 하니
사람 인류 거의 없네.

이십정명 되게 되면 질병겁이 일어나니
맹화 같은 독한 병이 천하 안팎 두루 하여
칠월칠일 지내도록 만나는 자 즉사하니
남은 사람 얼마인가.
십세정명 다가오면 도병겁이 일어나니
사람마다 악심 내어 초목와석 잡는 대로
창검이 서로 되어 부모자식 상살하니
온 세계에 죽음이라 칠일을 지낸 후에
몇 사람이 남았는가. 이것이 소삼재라.
인수 팔만 사천세가 십세정명 다다르면
이것은 감겁이오.

다시 백년 지난 후에 정명 일세 더하여서
이같이 늘어나서 도로 필만 사천되면
이것은 증겁이라.
이십 증감 지낸 후에 칠일이 병출하야
사바세계 백억천하 일시에 불에 타서
높은 산과 깊은 바다 욕계천과 색계초선
낱낱이 재가 되니 그 다음에 비가 와서
초선까지 물이 차서 이선천이 무너지네.
또 다시 대풍 불어 삼선천이 무너지니
이것은 대삼재라.

이 세계 생긴 후에 팔증감이 지나가도
부처님은 안 나오고 지금 제9 감겁이라.

10.

인수정명 육만시에 구나함불 출현하고
인수정명 이만시에 가섭불이 출세하고
우리 세존 서가여래 대자대비 마음으로
인수백세 정명시에 가비라국 출현하니
그믐칠야 어두운 밤.
추공만월 떠계신 듯 칠년대한 가뭄 때에
감로비가 내리신 듯 삼백여회 설법하여
도탈중생 하옵시고 칠십구년 머무르사
이락군품 하신 후에 사라쌍수 열반하니
흔구장야 다시 왔네.

불신은 상주하사 본래 생멸 없건마는
중생 근기 차별 있어 생도 보고 멸도 보네
정법 상법 이천년은 벌써 이미 다 지나고
계법 만년 접어들어 팔백여세
지나가고 지금 칠십 정명이라.
사천년을 또 지내어 삼십정명 돌아오면
남염부제 있는 나라 십만오백 십육국에

소삼재가 일 것이니 염불 않고 사는 사람
설령 악도 아니 가고 세세생생 사람 돼도
저 삼재를 어이 할까.

11.

저때 중생 박복하여 불법이 없는 때에
오직 정토 미타경이 백년을 더 머무르사
접인중생 하신다니 광대하다 미타원력
무엇으로 비유할까.
고인이 말하기를 오락이 극에 달해
삼재겁이 가까우니 미타원력 아니시면
재앙 고난 어찌 벗나 이렇게 말했으니
공포심을 어서 내어 부지런히 염불하소.

12.

근래 어떤 공부인이 극락미타 따로 없어
내 마음이 극락이요 내 자성이 미타라고
아만심이 공고하야 정토법을 멸시하니
박복다장 한 탓이라 무엇이라 할 것 없네.
내 마음이 부처라도 탐진번뇌 구족하니
제불만덕 어디 있나 청산옥이 보배라도
그냥 두면 쓸데 있나.

양공 장인이 구해다가 탁마하여 만든 후에
온윤지덕 나타나서 천하보물 성취하니
자성불도 이 같아서 번뇌 무명 어디 쓸까.

미타부처 양장되어 우리들을 친히 보고
만행으로 탁마하여 번뇌 티끌 제거하고
항사성덕 나타나면 자성불이 이 아닐까
자성불이 최고라는 아만 있는 사람들아
도적으로 아들 삼아 어리석음 하지 말라.

사바세계 청정함이 자재천궁 같은 것을
나계범왕 홀로 보고 대지상덕 사리불도
토석으로 보았으니 하물며 우리 세계
구박 범부 중생들은 임종일념 놓치면
삼악도에 들게 되니 자성극락 믿을손가.

아만심이 공고하고 하열심이 비루하여
높은 산과 낮은 구름 험한 세계 나왔지만
내 마음이 평등하여 불처 지혜 의지하면
정토왕생 하옵나니 자성극락 집착하여
집석위보 부디 마오.

13.

거룩하다 정토법문 시방제불 칭찬하고
항사보살 왕생하네.

화엄경과 법화경은 일대시교 시종이라
무상대도 법이언만 극락왕생 칭찬하며
마명보살 용수보살 제불화신 자취마다
정법안장 친전하되 권생극락 깊이 하며
진나라 혜원법사 반야경을 들으시다.

활연대오 하시고도 광려산에 결사하사
3칠일을 정에 들어 미타성상 친견하고
극락으로 바로가며 천태산 지자대사
법화삼매 증득하사 영산회상 친견하고
삼관을 두루 닦아 상품왕생 하였도다.

해동 신라 의상 법사 계행이 청정하여
하늘 공양 받으면서 정토발원 견고하여
앉을 때엔 모름지기 서쪽 향해 앉으셨네.
서역 동토 현철들아 고금왕생 무수하니
누가 감히 입을 벌려 정토법문 폄담하리
오장왕과 흥종황제 만기여가 염불하고

84

왕생 발원 깊이 하며

장한과 왕시랑은 공명이 현달하야
관부에 처하여도 왕생법을 닦았으며
유유민과 주속지는 처자오옥 다 버리고
백련결사 참례하여 두적산문 염불하며

도연명 이태백과 백락천 소동파는 만고문장
    명현이라
필봉이 늠름하여 귀신을 울렸으되
미타공덕 찬탄하고 왕생기 발원하며
당나라에 정진이와 송나라에 도완이는
비구니의 몸으로서 염불하고 왕생했네.
수문후와 진왕부인 비록 재가 여인이나
여신보를 싫어하여 지성으로 염불하고
연태중에 남자 되며
파계 비구 응준이와 소를 잡던 장선화는
생전죄악 많은 고로 지옥고가 나타날 때
임종일념 회심하고 연화대에 바로 가며

풍기 땅에 아간비자 삼생전에 중이 되어
건봉사 만일회에 별좌하다 득죄하고

순흥 때에 암소되어 그 죄를 갚은 후에
삼생 만에 비자되어 미타도량 공급하고
육신등공 왕생하니 고왕금래 살피건대
승속남녀 현우귀신 내지 죄악 범부까지
다만 발심 염불하면 못 갈 사람 누가 있나.

만경창파 너른 바다 칠백유순 마갈어와
적은 고기 곤장이가 한 가지로 린린하네.

14.

월장경에 하신 말씀 말세 중생 수억인이
계행수도 하더라도 득도할 이 하나 없고
누구라도 염불하여 왕생극락 수한다면
만에 하나 놓치거나 잃는 사람 없다 했네.

사자왕의 결정설이 거짓말로 남 속일까
연비연동 미물들도 교화은혜 입는다네
만물 중에 사람 되어 성인교화 못 입을까.

자맥성변 양류안에 화류하는 소년들아
춘흥이 나더라도 꽃을 부디 꺾지 마오.
그 꽃 밑에 독사 있어 해 끼칠까 무서워라.

무정지물 국화꽃도 봄나비를 싫어하여
상강시에 숨어피니 행화촌 여자들아
봄꽃 되기 좋아마소.
적막공산 새벽달에 슬피우는 두견새는
소리마다 불여귀라.

망망한 성색도중 사부도서 공자들아
돌아갈 길 왜 모르나
석양 산길 저문 날에 천지일월 무색하다.

15.

오호라 슬프도다 만고호걸 남아들아
장생불사 하자드니 어제 만난 거마객이
오늘 황천 고혼일세.
잠을 깨소 잠을 깨소 생사장야 잠을 깨소.

조개도 잠 든 지가 천년 되면 깬다는데
몇 부처님 출세토록 어이 여태 아니 깨나
대법고를 크게 치고 생사옥문 열었으니
갇힌 사람 나오시오.
문을 열어 안 나오면 그 사람은 할 수 없네.
대비선을 크게 모아 차안중생 제도하니

뱃삯 없는 행인들아 어서 타고 건너가세
배를 어서 아니 타면 그 사람은 할 수 없네.
보원침익 제중생은 유심정토 어서 가서
자성미타 친견하고 환망진구 모든 때를
공덕수에 목욕하고 탐진열뇌 더운 것을
보수음에 휴흘하고

아귀도중 주린 배를 선열식에 포만하고
지옥도중 마른 목을 법희수에 해갈하고
곡향 같은 설법성에 여환삼매 증득하고
공화만행 닦아가며 수월도량 안좌하여
경상천마 항복받고 몽중불 성취하여

구화방편 시설하여 환화중생 제도하고
법성토 너른 땅에 임운등등 등등임운
무위진락 수용하며 자유롭게 살아보세.

나무아미타불 나무관세음보살
나무아미타불 나무관세음보살
나무아미타불 나무관세음보살

「권왕가」는 승려 동화(東化, 일명 東華)가 지은 연대 미상의 불교가사로 『석문의범(釋門儀範)』에 실려 있다.

2음보 1행으로 헤아려 1200행이나 되는 장편가사로 국한문혼용체이다. 주제는 중생들이 보고 아는 것이 서로 차별화되어 있기에 미타불을 염송해 극락으로 왕생하라고 권한다.

중생이 사는 세상이 모두 불타는 집과 같아 거기서 벗어나려면 세존대법왕(世尊大法王)의 방편으로 구원받아야 하고, 아미타불을 염불한 공덕으로 극락세계에 들어간 이들의 예를 들어 일상생활에 조심해 죄업을 짓지 말라고 한다.

중국에서 예로부터 좋은 공덕을 쌓은 이들을 열거하고, 『화엄경』과 『법화경』의 가르침대로 수행하여 법성토(法性土)에서 참다운 즐거움을 누리자고 설파한다.

다른 불교가사에 비해 많은 예를 들어가며 불교에 정진하기를 권하고 있는 것이 특징이다.

7. 원적가(圓寂歌)

나는 가네 나는 가네 오던 길로 나는 가네
오던 길이 어디메뇨 열반피안(涅槃彼岸) 거기런가
나 간다고 설워 말고 살았다고 좋아 마소
만고제왕(萬古帝王) 후비(后妃)들도 영영(永永)
　　이 길 가고 마네

이 산(山) 저 산(山) 피는 꽃은 봄이 오면 싹이 트나
이 골 저 골 장류수(長流水)는 한번 가면 다시 올까
저 봉(峰) 넘어 떴던 구름 종적(蹤跡)조차 볼
　　수 없네
공산야월(空山夜月) 두견조(杜鵑鳥)는 날과 같
　　은 한(恨)일런가

부귀영화(富貴榮華) 받던 복락(福樂) 오늘날로

가이없네

실상(實相) 없이 살던 몸이 이제 다시 허망(虛
妄)하다

몽중(夢中) 같은 이 세상(世上)에 초로인생(草
露人生) 들어보소

인간칠십(人間七十) 고래희(古來稀)는 고인(故
人) 먼저 일렀어라

진실사업(眞實事業) 하던 사람 죽는 날도 아니 죽네

생각(生覺)대로 못한 한(恨)은 태평(太平) 바다
눈물인가

영결(永訣)이냐 왕생(往生)이냐 무거무래(無去
無來) 참말이다

무상(無常)이냐 생멸(生滅)이냐 부생부멸(不生
不滅) 현전(現前)이다

천당(天堂)인가 극락(極樂)인가 열산고해(熱山
苦海) 기중(其中)이다

천지소멸(天地消滅)될지라도 일단고명(一段孤
明) 역력(歷歷)하다

연화대(蓮花臺)로 간다더니 화장장(火葬場)이
웬일인가

명당(明堂) 찾아간다더니 공동묘지(共同墓地)
　기중(其中)인가

악심독심(惡心毒心) 모진 사람 날 보아서 해방
　(解放)하소
탐욕심(貪慾心)이 많은 사람 날 보아서 그만 두소
이기생활(利己生活) 하는 사람 날 보아서 조심
　(操心)하소
상애심(相愛心)이 적은 사람 날 보아서 동정
　(同情)하소

아만심(我慢心)이 많은 사람 날 보아서 개량
　(改良)하소
무상심(無常心)이 없는 사람 날 보아서 발심
　(發心)하소
명리장(名利場)에 해댄 사람 날 보아서 자각
　(自覺)하소
주색계(酒色界)에 부랑자(浮浪者)는 날 보아서
　회심(回心)하소

의식(衣食)으로 구속(拘束)된 자(者) 날 보아서
　심득(心得)하소

구식(舊式)으로 굳은 사람 날 보아서 혁신(革新)하소

신식(新式)으로 밝은 사람 날 보아서 사기(邪欺)마소

종교심(宗敎心)이 없는 사람 날 보아서 발신(發信)하소

장부심(丈夫心)이 없는 사람 날 보아서 용단(勇斷)하소

사회심(社會心)이 없는 사람 날 보아서 단결(團結)하소

공덕심(公德心)이 없는 사람 날 보아서 양성(養成)하소

노예심(奴隸心)이 많은 사람 날 보아서 독립(獨立)하소

자비심(慈悲心)이 없는 사람 날 보아서 향상(向上)하소

무상(無常)인지 진상(眞常)인지 생로병사(生老病死) 그뿐이다

과거(過去)던가 미래(未來)던가 다 못 현재(現在) 일념(一念)이다

열반노두(涅槃路頭) 어디런가 어묵동정(語默動
靜) 의심(疑心) 마소

가가문호(家家門戶) 몰랐더니 다시 보니 장안
(長安)이다
본지풍광(本地風光) 누가 몰라 청풍명월(淸風明
月) 다름없다
금일면목(今日面目) 누가 몰라 청산유수(靑山流
水) 어디 없어
생사대사(生死大事) 깨친 사람 고금천하(古今天
下) 몇몇인가

깨치거든 일러 주소 구전심수(口傳心授) 할 길 없어
애고대고 울음소리 울음소리 애고대고
나무영산회송 불보살
나무영산회송 불보살
나무영산회송 불보살

〈해설〉
　근대 초기에 학명선사(鶴鳴禪師)가 지은 불교가사이다.
　일명 '열반가(涅槃歌)'라고도 한다. 모두 92구로 작자
의 문집인 『백농유고(白農遺稿)』에 전하며, 『불교(佛敎)』

제63호에는 같은 내용이 94구로 실려 있다.

내용은 꿈속 같은 이 세상에서 진실사업을 하던 사람은 죽어도 아니 죽는 것임을 말하고, 생시에 자각하여 지성으로 불도를 닦으며 살고 죽는 큰일을 깨달은 이는 입으로 전하고 마음으로 가르치라고 권면(勸勉)하는 것이다.

특히, 가사 중 "사회심이 없는 사람 날 보아서 단결하고, 공덕심이 없는 사람 날 보아서 양성하소, 노예심이 많은 사람 날 도와서 독립하소." 등의 어구는 지은이가 말년에 일제치하에서 살면서 우리 민족을 깨우치려는 정성의 발로라고 볼 수 있다.

8. 의상조사 법성게(法性偈)

둥글고 오묘한 법 진리의 모습이여
고요히 동작 없는 삼라의 바탕이여
이름도 꼴도 없고 일체가 다 없으니
아느니 성인이고 모르니 범부이로다.

묘하고 깊고 깊은 현묘한 진성이여
제 자리 벗어난 듯 세계를 나툼이여
하나에 모두 있고 많은 데 하나 있어
하나 곧 전체이고 전체 곧 개체이니.

한 티끌 작은 속에 온 세계 머금었고
낱낱의 티끌마다 우주가 다 들었네.
한없는 긴 시간이 한 생각 일념이고
찰나의 한 생각이 무량한 긴 겁이니.

구세와 십세가 엉킨 듯 한 덩어리라
그러나 따로따로 뚜렷한 만상이여
첫 발심했을 때가 부처를 이룬 때고.
생사와 열반경계 함께한 한 몸이니.

있는 듯 이사분별 홀연히 없는 그곳
자나불 보현네의 부사의 경계로세.
부처님 해인삼매 그 속에 나툼이여
쏟아진 참된 진리 법계에 충만하니.

허공을 메워오는 법비는 거룩했네.
저마다 중생들도 온갖 업 갖게 하고
진리의 고향으로 수행자 오게 하니
망상은 모두 쉬고 헛길을 가지 마라.

교묘한 절대방편 이 길로 찾아오소.
여의주 보배 얻어 부처님 고향으로
끝없이 많고 많은 다라니 무진보로다

불국토 법왕궁을 깨끗이 장엄하고
정법의 해탈좌에 앉아 깨달으니
예부터 이르기를 이 자리 부처라네.

〈풀이〉

법성원융무이상(法性圓融無二相) 법의 성품 원융하여 두 모양이 본래 없고

제법부동본래적(諸法不動本來寂) 모든 법이 부동하여 본래부터 고요하네.

무명무상절일체(無名無相絶一切) 이름 없고 모양 없어 일체가 다 끊겼으니

증지소지비여경(證智所知非餘境) 깨친 지혜로 알 일뿐 다른 경계로 알 수 없네.

진성심심극미묘(眞性甚深極微妙) 참 성품은 깊고 깊어 지극히 미묘하여

불수자성수연성(不守自性隨然成) 자기 성품 고집 않고 인연 따라 나타나네.

일중일체다중일(一中一切多中一) 하나 안에 일체 있고 일체 안에 하나 있어

일즉일체다즉일(一卽一切多卽一) 하나가 곧 일체요 일체가 곧 하나니라.

일미진중함시방(一味塵中含十方) 한 티끌 그 가운데 온

우주를 머금었고

　일체진중역여시(一切塵中亦如是) 낱낱의 티끌마다 온 우주가 다 들었네.

　무량원겁즉일념(無量遠劫卽一念) 끝도 없는 무량겁이 한 생각의 찰나이고

　이념즉시무량겁(一念卽是無量劫) 찰나의 한 생각이 끝도 없는 겁이어라.

　구세십세호상즉(九世十世互相卽) 세간이나 출세간이 서로 함께 어울리되

　잉불잡란격별성(仍不雜亂隔別成) 혼란 없이 정연하게 따로따로 이루었네.

　초발심시변정각(初發心時便正覺) 처음 발심한 때가 바른 깨침 이룬 때요.

　생사열반상공화(生死涅槃相共和) 생과 사와 열반 경계 그 바탕이 한 몸이니

　이사명연무분별(理事冥然無分別) 근본 현상 명연하여 분별할 길 없는 것이

　십불보현대인경(十佛普賢大人境) 일체의 불보살님 성

인들의 경계이어라.

능인해인삼매중(能仁海印三昧中) 부처님의 거룩한 법
갈무리 한 해인 삼매
번출여의부사의(繁出如意不思議) 불가사의 무궁한 법
그 안에서 들어내어

우보익생만허공(雨寶益生滿虛空) 모든 중생 유익토록
온 누리에 법비 내려
중생수기득이익(衆生隨器得利益) 중생들의 그릇 따라
온갖 이익 얻게 하네.

시고행자환본체(是故行者還本除) 이런 고로 수행자는
근본으로 돌아가되
파식망상필부득(叵息忘想必不得) 망상심을 쉬지 않곤
얻을 것이 하나 없네.

무연선교착여의(無緣善巧捉如意) 무연자비 좋은 방편
마음대로 자재하면
귀가수분득자량(歸家隨分得資糧) 보리 열반 성취하는
밑거름을 얻음일세.
이다라니무진보(以陀羅尼無盡寶) 이 말씀 무진 법문 한

량없는 보배라네.

장엄법계실보전(莊嚴法界實寶殿) 온 법계를 장엄하여 불국토를 이루면서
궁좌실제중도상(窮坐實際中道床) 마침내는 진여 법성 중도 자리 깨달으니
구래부동명위불(舊來不動名爲佛) 본래부터 부동하여 이름하여 부처라 하네.

〈해설〉

신라(新羅) 때 의상(義湘) 대사가 중국(中國)에서 『화엄경(華嚴經)』을 연구(硏究)하고 그 뜻을 추려서 지은 시(詩)이다.

불교에서 우주 진리의 특성을 표현한 법성게(法性偈) 첫째 글 중 '법성원융무이상(法性圓融無二相)'이라는 구절은 "진리의 특성은 일체의 걸림 없이 원융 화합하여 두 개의 상(相)이 없고 하나의 진리다."는 뜻이다.

또한 '일중일체다중일(一中一切多中一) 일즉일체다즉일(一卽一切多卽一)'이라는 구절은 "하나의 진리 속에 일체 전체가 있고 전체 속에 하나의 진리가 있다. 그러므로 하나가 전체이고 전체가 하나의 진리로 통한다."는 말이다. 이런 진리의 특성을 표현한 상징이 일원상(一圓

相) 숫자로는 제로(0), 한문으로는 공(空) 또는 태허(太虛)이다.

이것은 시간과 공간을 나누기 전에 우주 진리의 참모습이며 이것을 법성게에서는 '제법부동본래적(諸法不動本來寂) 무명무상절일체(無名無相絶一切)'라고 표현했다. 결국 모든 존재의 근본 진리는 흔들림 없이 고요하며 이름과 상대는 물론 일체가 없는 상태라는 뜻이다.

이러한 공(空)의 상태에서 음과 양 천(天)과 지(地)가 나뉘어 삼라만상이 나타난 것이다. 인간도 우주 진리의 발현으로 천지 天地의 조화 사이에 태어난 것이다. 따라서 우주 진리의 생명 속에서 나타난 모든 삼라만상의 존재는 하나의 우주진리 속에서 조화와 균형이라는 우주 질서를 지키고 살아가야 한다는 것이다.

9. 멍텅구리

멍텅구리 멍텅구리
우리 인생이 멍텅구리

온 곳을 모르는 인간이
간 곳을 어떻게 안단 말가.
온 곳도 갈 곳도 모르니
그것도 또한 멍텅구리

멍텅구리 멍텅구리
우리 인생이 멍텅구리

올 때는 빈손에 왔으면서
갈 때는 무엇을 가져갈까.

공연한 탐욕을 부리니
그것도 또한 멍텅구리

멍텅구리 멍텅구리
우리 인생이 멍텅구리

세상에 학자라 하는 이들
동서에 모든 걸 안다 하네.
자기가 자기도 모르니
그것도 또한 멍텅구리

멍텅구리 멍텅구리
우리 인생이 멍텅구리

백년도 못 사는 그 인생이
천년 살 것처럼 하는구나.
끝없는 걱정을 하노니
그것도 또한 멍텅구리

〈해설〉

멍텅구리는 '뚝지'라는 바닷물고기의 다른 이름으로 이 멍청한 물고기의 모습과 행동을 보고 판단력이 없고 매우 어리석은 사람을 가리켜 '멍텅구리'라고 한다.

못 생긴 데다 굼뜨고 동작이 느려 아무리 위급한 때라도 벗어나려는 노력조차 할 줄 모르기 때문에 판단력이 약하고 시비를 제대로 모르는 사람을 이르는 말로 확대되어 쓰였다.

서해안 지역에서 수백 년 동안 사용된 새우 잡는 배로 다른 배가 끌어주지 않으면 스스로 움직일 수 없어 붙여진 '멍텅구리 배'도 있다. 멍텅구리 배는 주로 젓갈을 담는 젓새우를 잡는 배로 해선망어선이라고도 부른다.

학교법인 동국대학교 이사장이었던 자광(慈光) 스님의 저서 가운데 2018년 출간된 『멍텅구리 부처님』에는 '멍텅구리 송(頌)'이 나온다. 자광 스님은 이 책에서 왕자의 지위와 부귀영화를 초개처럼 버린 부처님을 '멍텅구리'라고 규정지었으며, 그 자신도 '멍텅구리 짓'을 한다고 낮췄다.

이 '멍텅구리 송(頌)'은 멍텅구리가 되라는 얘기가 아니고 멍텅구리에서 벗어나 깨우쳐 부처가 되라는 발심의 노래이다. 석가도 멍텅구리에서 깨우쳐 부처가 됐다. 백 년도 못 살면서 천 년을 살 것처럼 아등바등 사는 인간이 곰곰이 되씹어야 할 마냥 가볍지 않은 노래이다.

2016년 발표된 통계청 조사에 따르면 2005~15년 불교 신자는 300만 명이 감소했다. 110만 명이 준 천주교보다 감소폭이 훨씬 크고, 120만 명이 증가한 개신교와는 비교가 못 된다. 우리 역사에서 불교가 가졌던 위상과 역할을 감안하면 충격적인 결과이다.

최근에는 불교를 대표하는 조계종이 심각한 내홍을 겪고 있다. 전임 총무원장이 불명예 퇴진했고, 새로운 총무원장을 뽑았으나 갈등은 여전해 불교계를 보는 시선이 차갑기만 하다.

아무리 '그래도 불교'이다. 『그래도 불교』라는 책을 낸 경기도 고양시의 용화사 주지인 성법 스님은 "부처를 종조로 하는 종교단체라 명명하기조차 부끄러운 민낯을 드러내고 있다"며 "하지만 그래도 불교이다. 왜냐하면 불교 교리를 '교과서적'으로 이해하고 실천하면 삶의 위로와 '안심'(安心)을 얻을 수 있기 때문이다."고 강조했다.

『화엄경』은 부처와 중생이 곧 하나임을 기본사상으로 한국 불교사상 확립에 큰 영향을 끼친 불교경전이다. 결국 얼마나 멍텅구리의 삶에서 벗어나느냐가 관건인 셈이다.

10. 혼자 인생

인생이라 하는 것은
무엇 하러 나왔다가
무엇 하러 가는 건가.

생각 생각해 보아도
그 이치를 알 수 없네.
그 이치를 알 수 없네.

오가는 참뜻은 모른다 하나
올 때도 혼자
갈 때도 혼자

혼자 오고 혼자 간다.
너도 혼자 나도 혼자

우리 모두 혼자로다.

여름도 혼자 겨울도 혼자
언제나 항상 혼자로다
언제나 항상 혼자로다.

오호라 혼자 인생
누구를 찾아 짝을 할고.
누구를 찾아 짝을 할고.

비워라 비워 생각을 비워
세상만물을 친해 보세.
비워라 비워 마음을 비워
천지의 본님을 친해 보세.

비운 마음 밝은 마음
우주만상 빛이 되어
만고상청을 하리로다.

비운 마음 밝은 마음
우주만상 빛이 되어
만고상청을 하리로다.

〈해설〉
인생은 나그네 길
어디서 왔다가 어디로 가는가.
구름이 흘러가듯 떠돌다 가는 길에
정 일랑 두지 말자 미련일랑 두지 말자.
인생은 나그네 길
강물이 흘러가듯 정처 없이 흘러서 간다.

인생은 벌거숭이
빈손으로 왔다가 빈손으로 가는가.
구름이 흘러가듯 여울져 가는 길에
정 일랑 두지 말자 미련일랑 두지 말자.

인생은 벌거숭이
강물이 흘러가듯 소리 없이 흘러서 간다.
소리 없이 흘러서 간다.
소리 없이 흘러서 간다.
소리 없이 흘러서 간다.

　　이상은 2018년 타계한 가수 최희준이 부른 「하숙생」
이란 노래이다.
　　여기서 "인생은 벌거숭이, 빈손으로 왔다가 빈손으

로 가는가"라는 가사가 '혼자 인생'의 주제를 대변해 준다.

이 노래를 부른 최희준 가수는 그 분야에서 드물게 서울대 법학대학을 나온 수재이지만 1936년 빈손으로 왔다가 2018년 빈손으로 떠났다.

경전「정법안장」에는 "오늘, 여기 이렇게 살아 있는 이 목숨은 너무나 귀중한 것이다."는 구절이 나온다. 불교의 수행을 거론하면 흔히 정신을 떠올리기 쉽지만 자신의 건강을 유지하는 것도 하나의 수행이다. 요컨대 사람이 잘 먹고 잘 배설하는 것도 도(道)이다.

건강이 다해 죽음을 맞게 되었을 때 남겨진 사람들에 대한 걱정은 또 하나의 고통이다.

"사랑하는 가족들에 대한 마음을 어떻게 갈무리하고 갈 것인가"라는 질문에 끊임없이 번민하게 되는 것이다.

그러나 이런 상황에서 가장 중요하는 것은 자신과의 문제를 해결하는 것이다. "진짜 죽음을 맞게 된다면 그 것은 결국 자신과의 싸움으로 귀결된다"는 것이다.

그래서 마지막 순간을 맞기 위해 중요한 것이 '후회 없는 사랑'이다.

인도의 산티데바(Santideva) 스님이 지은 「입보리행론 (入菩提行論)」에는 "수천의 생을 반복하더라도 사랑하는 사람과 다시 만나는 일은 무척 드물다. 그러므로 지금

후회 없이 사랑하라. 사랑할 시간은 그리 많지 않다."
는 법어가 나온다.

언뜻 보면 별거 아닌 말 같지만 그야말로 심오한 뜻
이 담겨 있다.

그래서 혼자 인생은 그리 녹록하지 않은가 보다.

11. 발심 수행장(發心修行章)

대저 모든 부처님과 부처님들이 적멸궁에 장
　엄해 계시는 것은
한량없는 바다와 같은 세월 욕심을 버리고 행
　업하신 까닭이요,
수많은 중생이 불타는 집에 윤회를 당하는 것은
무량한 세월 동안 탐욕심을 버리지 못한 탓이다.
부제불제불(夫諸佛諸佛), 장엄적멸궁(莊嚴寂滅
　宮), 어다겁해(於多劫海), 사욕고행(捨欲苦行)
중생중생(衆生衆生), 윤회화택문(輪廻火宅門),
　어무량세(於無量世), 탐욕부사(貪欲不捨).

막지 않는 저 천당이나 가서 이른 사람 적은
　것은
탐진치(貪瞋痴)를 자기의 재물로 삼는 까닭이요,

유혹함이 없는 악도에 많은 사람 들어가는 것은
육신과 오욕락을 마음의 보배로 삼는 까닭이다.
무방천당(無防天堂), 소왕지자(少往至者), 삼독
번뇌(三毒煩惱), 위자가재(爲自家財)
무유악도(無誘惡道), 다왕입자(多往入者), 사사
오욕(四蛇五欲), 위망심보(爲妄心寶).

사람이면 뉘라서 산으로 들어가 도 닦을 생각
이 없으련마는
실제 나가지 못하는 것은 애욕에 결박되어 있
기 때문이다.
비록 깊은 산에 들어가 마음을 닦지 못할지라도
스스로의 힘과 능력에 따라 선행을 버리지 말라.
인수부욕귀(人誰不欲歸) 산수도(山修道), 이위
불진(而爲不進), 애욕소전(愛欲所纏).
연이부귀(然而不歸) 산수수심(山藪修心), 수자
신력(隨自身力), 부사선행(不捨善行).

자신의 쾌락을 잘 버리면 성인처럼 믿음과 공
경을 받고
어려운 수행을 이겨내면 부처님과 같이 존중
받을 것이다.

재물만을 아끼고 간탐하는 것은 바로 마군의
　권속이고
자비로운 마음으로 보시하는 것은 부처님의
　아들일세.
자락능사(自樂能捨), 신경여성(信敬如聖), 난행
　능행(難行能行), 존증여불(尊重如佛).
간탐어물(慳貪於物), 시마권속(是魔眷屬), 자비
　포시(慈悲布施), 시법왕자(是法王子).

높은 산과 바위에는 지혜 있는 사람이 머무를
　만하고
푸른 소나무 우거진 골짜기는 수행자가 살아
　갈 곳이다.
배가 고프면 나무 열매를 먹어 주린 창자를
　위로하고
목마르면 냇물을 마셔 갈증 나는 마음을 쉬게
　할 것이다.
고악아암(高岳峨巖), 지인소거(智人所居), 벽송
　심곡(碧松深谷), 행자소서(行者所捿),
기찬목과(飢餐木果), 위기기장(慰其飢腸), 갈음
　유수(渴飮流水), 식기갈정(息其渴情).

단 음식을 먹어 사랑으로 보양해도 이 몸은 무너지게 되어 있고

부드러운 옷으로 감싸고 보호해도 이 목숨은 필경엔 끝나리라.

메아리 소리 잘 울리는 바위굴을 법당 삼아 염불하니

슬피 우는 기러기 소리 환희로운 마음 벗이 되었네.

끽감애양(喫甘愛養), 차신정괴(此身定壞), 착유 수호(着柔守護), 명필유종(命必有終).

조향암혈(助響巖穴), 위염불당(爲念佛堂), 애명 압조(哀鳴鴨鳥), 위환심우(爲歡心友).

절하는 무릎이 얼음같이 시려도 불을 그리는 마음 없고

주린 창자가 끊어질 듯하여도 음식을 구할 생각이 없네.

백년 세월 잠깐만에 이르노니 어찌 공부하지 아니하며

일생이 얼마나 된다고 수행 않고 방일하게 보낼 것인가.

배슬여빙(拜膝如氷), 무연화심(無戀火心), 아장

여절(餓腸如切), 무구식념(無求食念).

홀지백년(忽至百年), 운하부학(云何不學), 일생
　기하(一生幾何), 부수방일(不修放逸).

마음속 애욕을 모두 여읜 수행자를 사문(沙
　門)이라 하고

세속의 일을 그리워하지 않음을 일러 출가(出
　家)라 한다.

수행자가 비단옷을 입는 것은 개가 코끼리 가
　죽을 쓴 격이고

수도자가 그리움을 품는 것은 쥐구멍에 들어
　간 고슴도치로다.

이심중애(離心中愛), 시명사문(是名沙門), 부연
　세속(不戀世俗), 시명출가(是名出家).

행자나망(行者羅網), 행자나망(行者羅網), 도인
　연회(道人戀懷), 위입서궁(蝟入鼠宮).

비록 재능과 지혜가 있더라도 쾌락과 욕망에
　젖어 사는 세상

사람에게 모든 부처님께서 그를 자비로서 가
　엾게 여기시고,

설사 도를 닦는 힘이 없더라도 산중에서 수행

하는 사람은

많고 많은 성인께서 이들에게 매우 기쁜 마음
을 내느니라.

수유재지(雖有才智), 거읍가자(居邑家者), 제불
시인(諸佛是人), 생비우심生悲憂心)

설무도행(設無道行), 주산실자(住山室者), 중성
시인(衆聖是人), 생환희심生歡喜心).

비록 재주와 학문이 있더라도 계율을 수행하
지 않는 자는

보물이 있는 곳을 일러줘도 길을 찾지 않는
것과 같고,

비록 부지런히 행함은 있지만 지혜가 없는 자
는

가야 할 길이 동쪽인데 서쪽으로 나가는 것과
같다.

수유재학(雖有才學), 무계행자(無戒行者), 여보
소도(如寶所導), 이부기행(而不起行)

수유근행(雖有勤行), 무지혜자(無智慧者), 욕왕
동방(欲往東方), 이향서행而向西行).

지혜로운 사람의 수행은 쌀로 밥을 짓는 것과

같고

어리석은 사람의 행동은 모래로 밥을 짓는 것
과 같다.

사람들은 밥을 먹어 주린 창자를 달랠 줄 알
면서도

불법을 배워 어리석은 마음을 고칠 줄 모르는
구나.

유지인소행(有智人所行), 증미작반(蒸米作飯),
무지인소행(無智人所行), 증사작반(蒸沙作
飯).

공지끽식(共知喫食), 이위기장(而慰飢腸), 불지
각법(不知覺法), 이개치심(而改癡心).

수행과 지혜를 두루 갖추는 것은 수레의 두
바퀴와 같고

스스로 이롭고 남도 이롭게 하는 것은 새의
두 날개와 같다.

죽을 얻어 축원하면서 그 뜻을 모르면 공양하
는 정성에 어찌 아니 부끄럽고,

공양 올려 염불하나 이치를 못 깨치면 불보살
님 현성 앞에 부끄럽지 아니하랴.

행지구비(行智具備), 여거이륜(如車二輪); 자리

118

이타(自利利他), 여조양익(如鳥兩翼)

득죽축원(得粥祝願), 부해기의(不解其意), 역부
단월응수치호(亦不檀越應羞恥乎)

득식창패(得食唱唄), 불달기취(不達其趣), 역부
현성응괴호(亦不賢聖應愧乎)

사람이 더럽고 깨끗함을 가리지 못하는 구더
기를 혐오하는 것처럼

성현도 사문이 깨끗하고 더러움을 분별하지
못함을 미워하느니라.

이 세간의 시끄러움을 벗어 버리고 한가로이
천상으로 오르는 데

청정계행 지키는 것이 가장 좋은 사다리라.

인오미충(人惡尾蟲), 부변정예(不辨淨穢), 성증
사(문聖僧沙門), 부변정예(不辨淨穢).

기세간훤(棄世間喧, 승공천상(乘空天上, 계위선제
(戒爲善梯).

그러므로 계행을 지키지 않고 남의 복 밭(福
田)이 되려는 것은

날개 부러진 새가 거북을 업고 하늘에 오르려
하는 것과 같으니.

자신의 허물을 벗지 못하고 어떻게 남의 죄를
　풀어줄 수 있겠는가.
그러니, 계행이 하나도 없으면서 어찌 남의
　공양을 받겠는가?
시고파계(是故破戒), 위타복전(爲他福田), 여절
　익조(如折翼鳥), 부구상공(負龜翔空),
자죄미탈(自罪未脫), 타죄부속(他罪不贖). 연(然),
　기무계행(豈無戒行), 수타공급(受他供給)

수행이 없는 허망한 몸은 길러봐야 아무런 이
　익이 없으며,
무상하게 들뜬 목숨은 아무리 아끼고 사랑해
　도 떠나간다.
부처님의 높은 덕을 바라거든 오랜 고행을 잘
　참아 지내고,
부처 자리 기대하거든 세간의 욕망과 향락을
　영원히 버려라.
무행공신(無行空身), 양무리익(養無利益), 무상
　부명(無常浮命), 애석부보(愛惜不保).
망용상덕(望龍象德), 능인장고(能忍長苦); 기사
　자좌(期獅子座), 영배욕락(永背欲樂).

수행자가 마음이 맑으면 모든 천신들이 함께
　찬탄하고
수도자가 여색을 탐하면 호법선신도 그를 버
　리고 떠난다.
사대로 구성된 몸은 홀연 흩어지는 것이라 오
　래 머물지 못한다.
오늘 저녁이 될지도 모르니 아침부터 서둘러
　행해야 할 것이다.
행자심정(行者心淨), 제천공찬(諸天共讚); 도인
　연색(道人戀色), 선신사리(善神捨離).
사대홀산(四大忽散), 부보구주(不保久住), 금일
　석의今日夕矣), 파행조재(頗行朝哉).

세속의 쾌락은 지나면 고통이거늘 어이 탐내
　어 붙들 것이며
한 번 참으면 영원히 즐거울 것인데 어찌 수
　행하지 않으리오.
도를 구하는 자가 탐욕스러움은 수행자의 부
　끄러움이요
출가사문의 재물이 부유하면 군자들의 웃음
　거리가 된다.
세락후고(世樂後苦), 하탐착재(何貪着哉), 일인

장락(一忍長樂), 하부수재(何不修哉).

도인탐(道人貪), 시행자수치(是行者羞恥); 출가
부(出家富), 시군자(소소是君子所笑).

마음을 가다듬는 말 끝없이 많은데도 탐착을
　끊지 못하고
다음에 무한정 미루기만 하며 애착을 끊지 못
　한다.
일대사 한정이 없거늘 어찌 세속의 일을 버리
　지 못하고
조삼모사 끝이 없는 번뇌 속에서 절연할 마음
　을 내지 않네.
차언불진(遮言不盡), 탐착부이(貪着不己), 제이
　무진(第二無盡), 불단애착(不斷愛着).
차사무한(此事無限), 세사부사(世事不捨), 피모
　무제(彼謀無際), 절심부기(絶心不起).

오늘 다 하지 못했거늘 하루하루 악업은 늘어
　만 가고
내일도 다 함이 없거늘 내일로 미룬 선업은
　날로 적다.
올해 다짐에도 다 하지 못하니 번뇌 망상 한

량이 없고

내년으로 미루면서 보리에 이르도록 정진을 하지 않네.

금일불진(今日不盡), 조악일다(造惡日多), 명일 무진(明日無盡), 작선일소(作善日少).

금년불진(今年不盡), 무한번뇌(無限煩惱), 내년 무진(來年無盡), 불진보제(不進菩提).

시간은 흐르고 흘러 하루가 속히 지나가고 하루 이틀 흘러

신속히 한 달이 되고 한 달이 흐르고 흘러 문득 한 해가 되고

한 해 두 해 거듭 흘러 잠시간에 죽음 문에 이른다.

부서진 수레는 굴러가지 못하고 늙은 몸으로는 닦을 수 없다.

누우면 게으름만 생기고 앉으면 망상만 어지럽게 일어난다.

시시이이(時時移移), 속경일야(速經日夜), 일일 이이(日日移移), 속경월회(速經月晦),

월월이이(月月移移), 홀래년지(忽來年至), 년년

이이(年年移移), 잠도사문(暫到死門).
파거부행(破車不行), 노인부수(老人不修), 와생
해태(臥生懈怠), 좌기란식(坐起亂識).

몇 생이 있기에 수행은 아니 하고 밤낮을 허
　송세월하며
이 빈 몸이 얼마나 산다고 이생에서마저 닦지
　않는고?
몸은 반드시 끝나리니 죽은 다음 몸은 어찌
　할꼬?
생각할수록 급하구나! 급하고도 급하구나!
기생부수(幾生不修), 허과일야(虛過日夜), 기활
　공신(幾活空身), 일생부수(一生不修)
신필유종(身必有終), 후신하호(後身何乎)? 막속
　급호(莫速急乎), 막속급호(莫速急乎)

〈해설〉
　『발심수행장(發心修行章)』은 신라의 원효(元曉)가 출가
수행자를 위해 지은 발심(發心)에 관한 글이다.
　불교전문강원의 사미과(沙彌科) 교과목 중 하나로 승
려가 되기 위해 출가한 자들은 반드시 읽고 닦아야 할
입문서이다.

124

수행인이 부처될 마음을 일으켜 거룩한 행을 닦는 요긴한 말을 적은 총 706자의 사언절구(四言絶句)로 된 짧은 글이다.

　내용은 애욕을 끊고 고행(苦行)할 것, 참된 수행자가 될 것, 늙은 몸은 닦을 수 없으니 부지런히 닦을 것 등 서론·본론·유통분(流通分)의 순으로 구성되어 있다.

　원효는 "모든 부처님이 열반(涅槃)의 적멸궁(寂滅宮)을 장엄(莊嚴)한 이유는 한량없는 세월 동안 욕망을 버리고 고행 정진한 탓"이며, "중생들이 고해(苦海)의 불 속에 사는 것은 탐욕·성냄·어리석음 때문이며, 입산수도(入山修道)한 모든 사람들이 큰 도(道)를 성취하고 싶지만 애욕(愛慾)에 구속돼 실천하지 못한다"고 설파했다.

　또한 "이 몸뚱이는 허망해 곧 무너질 터이니 아무리 아끼고 보호해도 오래 가지 않을 것이므로 세속에 대한 미련을 끊고 계행(戒行)을 철저히 지켜 조사(祖師)와 부처가 될 목표로 정진하라"고 강조했다.

　이어 "만약 계행을 깨끗이 지키지 못하면 타인의 지도자는 물론 시주의 공양(供養)과 예배도 받을 수 없다."며 "수행할 때는 계(戒)와 지혜를 함께 닦고, 청정한 마음으로 자리이타(自利利他)의 대승행(大乘行)을 닦으면 하늘이 찬양하며 마침내 여래(如來)의 사자좌(獅子座)에 나아간다."고 했다.

끝으로 원효는 강개 절묘한 문장으로 세월의 덧없음을 환기시켜 "부서진 수레는 짐을 싣지 못하고 늙은 몸은 닦을 수 없으므로 발심수행이 급하다."고 당부했다.

『발심수행장(發心修行章)』은 대개 지눌(知訥)의 『계초심학인문(誡初心學人文)』, 야운(野雲)의 『자경문(自警文)』과 합쳐 『초발심자경문(初發心自警文)』으로 많이 간행됐다.

그 중 중요한 고간본(古刊本)으로는 1233년(고종 20)에 간행된 합천 해인사본(海印寺本), 1570년(선조 3)의 강진 무위사본(無爲寺本), 1572년 귀진사본(歸眞寺本), 1574년의 구월산 월정사본(月精寺本), 1579년의 신흥사본(神興寺本), 1634년(인조 12)의 용복사본(龍腹寺本), 1635년의 운주산(雲住山) 용장사본(龍藏寺本) 등과 간행연대를 알 수 없는 화왕산 관룡사본(觀龍寺本) 등이 있다.

한글본은 1945년 이종욱(李鍾郁), 1968년 이운허(李耘虛)가 번역한 것 등이 있다. 이를 통해 본서가 불교전문강원의 교재로 사용된 시기는 조선 초기 이후임을 알 수 있다.

12. 보왕 삼매론(寶王三昧論)

1

몸에 병 없기를 바라지 말라.
몸에 병이 없으면 탐욕이 생기기 쉽나니,
그래서 부처님이 말씀하시길
"병고로써 양약을 삼으라." 하셨느니라.

2

세상살이에 곤란함이 없기를 바라지 말라.
세상살이에 곤란함이 없으면
업신여기는 마음과 사치한 마음이 생기나니,
그래서 부처님이 말씀하시길
"근심과 곤란 속에 유유자적하라." 하셨느니라.

3

공부하는 데 마음에 장애 없기를 바라지 말
　라.
마음에 장애가 없으면 배우는 것이 넘치게 되
　나니,
그래서 부처님이 말씀하시길
"장애 속에서 해탈을 얻으라." 하셨느니라.

4

수행하는 데 마(魔)가 없기를 바라지 말라.
수행하는 데 마가 없으면 서원이 굳건해지지
　못하나니,
그래서 부처님이 말씀하시길
"모든 마군으로 수행을 돕는 벗을 삼으라."
　하셨느니라.

5

일을 꾀하되 쉽게 되기를 바라지 말라.
일이 쉽게 되면 뜻을 경솔한 데 두게 되나니,
그래서 부처님이 말씀하시길
"여러 겁을 겪어 일을 성취하라." 하셨느니
　라.

6

친구를 사귀되 내가 이롭기를 바라지 말라.
내가 이롭고자 하면 의리를 상하게 되나니
그래서 부처님이 말씀하시길
"순결로써 사귐을 길게 하라." 하셨느니라.

7

남이 내 뜻대로 순종해주기를 바라지 말라.
남이 내 뜻대로 순종해주면 마음이 스스로 교
   만해지나니,
그래서 부처님이 말씀하시길
"자기를 거스르는 사람들로 우군을 삼으라."
   하셨느니라.

8

공덕을 베풀려면 과보를 바라지 말라.
과보를 바라면 도모하는 뜻을 가지게 되나니,
그래서 부처님이 말씀하시길
"덕 베푼 것을 헌신짝처럼 버려라." 하셨느
   니라.

9

분에 넘치는 이익을 바라지 말라.

이익이 분에 넘치면 어리석은 마음이 생기나니,
그래서 부처님이 말씀하시길
"적은 이익으로 부귀를 삼으라." 하셨느니라.

10

억울함을 당해서 밝히려고 하지 말라.
억울함을 밝히면 원망하는 마음이 다시 생기
　나니,
그래서 부처님이 말씀하시길
"억울함으로 수행의 단초를 삼으라." 하셨느
　니라.

이와 같이 막히는 데에서 도리어 통하는 것이
　요.
통함을 구하는 것이 오리려 막히는 길이다.
그리하여 부처님께서는 장애 가운데서 보리
　(菩提)를 얻으셨느니라.
요즘 세상의 도를 배우는 사람들이 먼저 역경
　을 견디어 보지 못하면
장애에 부딪칠 때 이겨내지 못해 법왕의 큰
　보배를 잃어버리게 되나니,
역경을 통하여 부처를 이룰지어다.

〈해설〉

『보왕삼매론』은 중국 원나라 말기부터 명나라 초기에 걸쳐 염불수행으로 중생을 교화했던 묘협 스님의 글 중 한 부분이다. 묘협 스님이 지은 『보왕삼매 염불직지(寶王三昧念佛直指)』 총 22편 중 제17편 「십대애행(十大礙行; 열 가지 큰 장애가 되는 행)」에 나오는 구절을 가려 뽑아 엮은 글이다.

묘협 스님은 모든 불교의 수행법을 닦아본 후 "염불수행이야말로 가장 쉽게 삼매에 이를 수 있는 수행법이다. 염불삼매는 수많은 삼매 중 가장 보배롭고 으뜸이다."며 '보왕삼매'라는 이름을 붙였다.

제17편 '십대 애행'은 수행삼매에 방해되는 10가지 큰 장애를 여러 불경에 빗대어 정립해 놓은 것이다.

결국 이 『보왕삼매론』은 이 중 열 가지 큰 장애를 대처하는 열 가지 불구행(不求行; 구하지 말아야 할 행)과 그 장애가 없을 때 자라나는 내면적 허물을 뽑아 엮어 놓은 것이다.

『보왕삼매론』의 가르침은 특히 생활 수행자들에게 더욱 생생하고 값진 공부가 된다. 그 이유는 우리들이 일상에서 가장 쉽게 접하는 온갖 경계들을 다루고 있기 때문입니다. 이를테면 병(病), 공부, 수행, 일, 친구, 곤란, 교만, 베품, 욕심, 배신 등 우리의 일상과 아주 밀접한 주제를 다루고 있다.

　이와 같은 장애야말로 우리 생활인들이 수행하는 데 가장 밀접하고 절실한 공부재료가 될 것이다.

　『보왕삼매론(寶王三昧論)』은 일상에서 쉽게 마주치는 온갖 경계, 장애와 걸림, 마장 등을 극복하는 지혜를 전해 준다.

　어려운 문자가 아니기에 많은 불자들이 쉽게 접할 수 있다. 많은 사찰들이 아침저녁 예불에 늘 독송함으로써 온갖 경계를 닦아 가는 데 경책의 글귀로 삼는다.

13. 이산 혜연선사 발원문(發願文)

삼세시방 부처님과 팔만사천 큰 법보와
보살 성문 스님께 지성 귀의하옵나니
자비하신 원력으로 굽어 살펴주옵소서.

저희들이 참된 성품 등지옵고 무명 속에 뛰어
　들어
나고 죽는 물결 따라 빛과 소리 물이 들고
심술궂고 욕심내어 온갖 번뇌 쌓았으며

보고 듣고 맛봄으로 한량없는 죄를 지어
잘못된 길 갈팡질팡 생사고해 헤매면서
나와 남을 집착하고 그른 길만 찾아다녀

여러 생에 지은 업장 크고 작은 많은 허물

삼보전에 원력 빌어 일심 참회하옵나니
바라옵건대 부처님이 이끄시고 보살님네 살
　피시어
고통 바다 헤어나서 열반 언덕 가사이다.

이 세상에 명과 복은 길이길이 창성하고
오는 세상 불법 지혜 무럭무럭 자라나서
날 적마다 좋은 국토 밝은 스승 만나오며

바른 신심 굳게 세워 아이로서 출가하여 귀와
　눈이 총명하고
말과 뜻이 진실하며 세상일에 물 안 들고
청정범행 닦고 닦아 서리같이 엄한 계율 털끝
　인들 범하리까.

점잖은 거동으로 모든 생명 사랑하여
이내 목숨 버리어도 지성으로 보호하리.

삼재팔난 만나잖고 불법 인연 구족하며
반야 지혜 드러나고 보살 마음 견고하여
제불정법 잘 배워서 대승 진리 깨달은 뒤

육바라밀 행을 닦아 아승지겁 뛰어넘고
곳곳마다 설법으로 천겁만겁 의심 끊고 마군
　　중을 항복받고
삼보를 뵈올 제 시방제불 섬기는 일 잠깐인들
　　쉬오리까.

온갖 법문 다 배워서 모두 통달하옵거든
복과 지혜 함께 늘어 무량중생 제도하며
여섯 가지 신통 얻고 무생법인 이룬 뒤에

관음보살 대자비로 시방 법계 다니면서
보현보살 행원으로 많은 중생 건져올 제
여러 가지 몸을 나퉈 미묘법문 연설하고

지옥 아귀 나쁜 곳엔 광명 놓고 신통 보여
내 모양을 보는 이나 내 이름을 듣는 이는
보리 마음 모두 내어 윤회고를 벗어나되

화탕지옥 끓는 물은 감로수로 변해지고
검수도산 날선 칼날 연꽃으로 화하여서
고통받던 저 중생들 극락세계 왕생하며

나는 새와 기는 짐승 원수 맺고
빚진 이들 같은 고통 벗어나서
좋은 복락 누려지다.

모진 질병 돌 적에는 약풀되어 치료하고
흉년드는 세상에는 쌀이 되어 구제하되
여러 중생 이익한 일 한 가진들 빼오리까.

천겁 만겁 내려오던 원수거나 친한 이나
이 세상 친속들도 누구누구 할것없이 얽히었
  던 애정 끊고
삼계고해 벗어나서 시방세계 중생들이 모두
  성불하사이다.

허공 끝이 있사온들 이내 소원 다하리까
유정들도 무정들도 일체 종지 이뤄지리다.

나무 석가모니불
나무 석가모니불
나무 시아본사 석가모니

〈해설〉

이산혜연 선사의 『발원문』은 관세음보살의 크나큰 자비로 시방세계에 다니면서 많은 중생을 건지고자 하는 서원을 담고 있어 우리나라에서 가장 많이 독송되고 있다.

우리나라에서는 이 발원문의 저자가 이산혜연(怡山惠然) 선사로 통용되지만 원래는 이산교연(怡山皎然), 혹은 이산연(怡山然), 장생교연(長生皎然) 선사라고 한다.

장생교연 선사의 생몰 연대는 알려지지 않았으나 당나라 말기 스님으로 육조혜능의 2대 제자 중 한 사람인 청원행사(?~741)의 문하인 설봉의존(822~908)의 법제자로 알려져 있다. 중국 복건성 복주 사람으로 장생산에 거주해 장생교연으로 불렸다고 한다.

한문 원문을 우리말로 독경할 때 전국 사찰에서 통일된 번역으로 통용되기 드문데 이 발원문은 우리말 독경으로 성공한 유일한 경우이다.

이 발원문의 우리말 번역은 1964년 동국역경원을 설립하고 초대원장을 지낸 운허스님(1892~1980)이 한 것으로 원작을 능가하는 세련된 번역이 전국적으로 통용되게 했다는 평을 받고 있다.

그래서 사실상 운허스님의 발원문이라고 해야 한다는 의견도 있다.

똑같은 이산혜연 선사의 원작을 조금 다르게 번역한 성철스님의 발원문도 좋지만 많이 통용되지 않고 있다.

이산혜연 선사 발원문은 탐진치(貪瞋癡)에서 벗어나지 못한 중생을 시방세계에서 머무는 동안 관세음보살의 크나큰 자비로 스스로 지혜를 밝혀 구원하고자 하는 서원을 담고 있다.

14. 영가 전에(靈駕 前)

영가시여 저희들이 일심으로 염불하니
무명업장 소멸하고 반야지혜 드러내어
생사고해 벗어나서 해탈열반 성취하사
극락 왕생하옵시고 모두 성불하옵소서.

사대육신 의지하여 한세상을 살았지만
결국에는 사라지니 허망하기 그지없네.
이 육신에 집착 말고 참된 도리 깨달으면
모든 고통 벗어나고 부처님을 친견하리.

인연 따라 모인 것은 인연 따라 흩어지니
나는 것도 인연이요 돌아감도 인연이라
살아 생전 애착하던 사대육신 무엇인고
한순간에 숨 거두니 주인 없는 목석일세.

몸뚱이를 가진 자는 그림자가 따르듯이
일생동안 살다보면 죄없다고 말 못하리
이승저승 오가면서 탐진치로 쌓은 죄업
대원력을 발하여서 생사윤회 벗어나리.

죄의 실체 본래 없어 마음 따라 생기나니
마음 씀이 없어질 때 죄업 역시 사라지네.
죄란 생각 없어지고 마음 또한 텅 비워서
무념처에 도달하면 참회했다 말하리다.

한마음이 청정하면 온세계가 청정하니
모든 업장 참회하여 청정으로 돌아가면
어느 곳에 태어나도 어떤 몸을 받더라도
영가님이 가시는 길 광명으로 가득하리.

가시는 길 천리만리 극락정토 어디인가
번뇌망상 없어진 곳 그 자리가 극락이니
삼독심을 버리고서 부처님께 귀의하면
무명업장 벗어나서 극락세계 왕생하리.

모든 것은 무상하여 생한 자는 필멸이라
태어났다 죽는 것은 모든 생명 정한 이치

모여졌다 흩어지고 흩어졌다 모여지며
맺고 쌓은 인연 따라 생사윤회 돌고 도네.

일가친척 많이 있고 부귀영화 높았어도
죽는 길엔 누구 하나 힘이 되지 못한다네.
임금으로 태어나서 온천하를 호령해도
결국에는 죽는 것을 영가님은 모르는가.

태어났다 죽는 것은 중생계의 흐름이라
이곳에서 가시면 저 세상에 태어나니
오는 듯이 가시옵고 가는 듯이 오신다면
이 육신의 마지막을 걱정할 것 없다 하리.

맺고 쌓은 모든 감정 가시는 길 짐 되오니
염불하는 인연으로 남김없이 놓으소서.
미웠던 일 용서하고 탐욕심을 버려야만
청정하신 마음으로 불국정토 가시리다.

본마음은 고요하여 예와 지금 없다 하니
태어남은 무엇이고 돌아감은 무엇인가.
삿된 마음 멀리 하고 미혹함을 벗어나야
반야지혜 이루시고 왕생극락 하오리다.

부처님이 관 밖으로 양쪽 발을 보이셨고
달마대사 총령으로 짚신 한 짝 메고 갔네.
이와 같은 높은 도리 영가님이 깨달으면
생과 사를 넘었거늘 그 무엇을 슬퍼하랴.

뜬 구름이 모였다가 흩어짐이 인연이듯
중생들의 생과 사도 인연 따라 나타나니
좋은 인연 간직하고 나쁜 인연 버리시면
이 다음에 태어날 때 좋은 인연 만나리다.

사대육신 흩어지고 업식만을 가져가니
탐욕심을 버리시고 마음 또한 거두시며
사견마저 버리시어 청정해진 마음으로
부처님의 품에 안겨 왕생극락 하옵소서.

돌고 도는 생사윤회 자기 업을 따르오니
오고감을 슬퍼 말고 환희로써 발심하여
무명업장 밝히시어 무거운 짐 모두 벗고
삼악도를 뛰어넘어 극락세계 가옵소서.

영가시여 어디에서 이 세상에 오셨다가
가신다니 가시는 곳 어디인 줄 아시는가.

142

이 세상에 처음 올 때 영가님은 누구셨고
사바일생 마치시고 가시는 이 누구신가.

물이 얼어 얼음 되고 얼음 녹아 물이 되듯
이 세상의 삶과 죽음 물과 얼음 같사오니
육친으로 맺은 정을 가볍게 거두시고
청정해진 업식으로 극락왕생 하옵소서.

영가시여 사바일생 다 바치는 임종시에
지은 죄업 남김없이 부처님께 참회하고
한순간도 잊지 않고 부처님을 생각하면
가고오는 곳곳마다 그대로가 극락이며.

첩첩 쌓인 푸른 산은 부처님의 도량이요
맑은 하늘 흰 구름은 부처님의 발자취며
뭇 생명의 노랫소리 부처님의 설법이고
대자연의 고요함은 부처님의 마음이니.

불심으로 바라보면 온세상이 불국토요
범부들의 마음에는 불국토가 사바로다
애착하던 사바일생 하룻밤의 꿈과 같고
나다 너다 모든 분별 본래부터 공이어라.

빈손으로 오셨다가 빈손으로 가시거늘
그 무엇을 애착하고 그 무엇을 슬퍼하나
그 무엇을 집착해서 훌훌 털지 못하는가
그 무엇에 얽매어서 극락왕생 못하시나.

저희들이 일심으로 독송하는 진언 따라
이생에서 못다 이룬 미련 집착 버리시고
맺은 원결 모두 풀고 지옥세계 무너져서
아미타불 극락세계 상품상생 하옵소서.

<아미타불 본심미묘진언>
다냐타 옴 아리다라 사바하(3번)

<관세임보살 멸업장진언>
옴 아로늑계 사바하(3번)

<지장보살 멸정업진언>
옴 바라 마니 다니 사바하(3번)

〈해설〉

『영가전에(靈駕前)』는 사람이 죽은 뒤 49일째에 치르는 불교식 제사의례인 49재(四十九齋) 때 암송하는 불교 가사이다.

불교에서는 사람이 이 세상을 떠나 다음 생을 받기까지 49일이 걸린다고 한다. 이 기간 동안에는 세상을 떠난 사람이 좋은 생을 받으라는 마음으로 세상 떠난 날을 1일로 하여 7일마다 불경을 외면서 7번 재(齋)를 지내므로 칠칠재(七七齋)라고 하는 불공의식이 49재(四十九齋)이다.

49재가 끝나면 다음 세상으로 떠났다고 보고 탈상을 한다. 49재는 6세기경 중국에서 생겨난 의식으로 유교적인 조령숭배(祖靈崇拜) 사상과 불교의 윤회(輪廻) 사상이 절충된 것이다.

이 49일간을 '중유(中有)' 또는 '중음(中陰)'이라고 한다. 이 기간에 죽은 이가 생전의 업(業)에 따라 다음 세상에서의 인연, 즉 생(生)이 결정된다고 믿기 때문이다.

불교의 '무아설(無我說)'에 따르면 개인의 생전 업보(業報)는 그 사람에 한정되며, 어떤 방법으로도 자녀나 후손에게 전가되거나 전가시킬 수 없다고 말한다.

그러나 유교사상은 이 49일 동안 죽은 이의 영혼을 위해 후손들이 정성을 다해 재를 올리면 죽은 부모나

조상이 보다 좋은 곳에 인간으로 다시 태어나고, 또 그 조상의 혼령이 후손들에게 복을 준다는 것이다.

불교에서도 '무아설'과 다른 육도(六道) 사상적 해석에 따르면 모든 중생은 육도, 즉 천상(天上)·인간(人間)·축생(畜生)·아수라(阿修羅)·아귀(餓鬼)·지옥도(地獄道) 등 여섯 세계를 윤회하고 있어 죽은 가족이 이 중 삼악도(三惡道; 지옥도·아귀도·축생도)에 들어가지 않도록 비는 기도 행위가 49재라는 것이다.

큰스님들은 49재를 지내며 일생보처(一生補處)에 대해 "이 한 생을 영원히 팔자 고치는 자리로 써야 한다. 깨달음과 하나가 되면 등불이 밝아져 주위가 밝아지듯 그와 연관된 영가는 모두 천도될 것이다."고 말씀하신다.

15. 무상계(無常戒)

부무상계자(夫無常戒者)는 입열반지요문(入涅
  槃之要門)이요
무상계는 열반에 이르는 요긴한 문이며
월고해지자항(越苦海之慈航)이라.
시고(是故)로 일체제불(一切諸佛)이 고해를 건
  너는 자비의 배입니다.
그러므로 모든 부처님들께서도
인차계고(因此戒故)로 이입열반(而入涅槃)하시고
이 계를 인연하여 열반을 성취하셨고
일체중생(一切衆生)도 인차계고(因此戒故)로
모든 중생들도 이 계를 의지하여
이도고해(而度苦海)하나니 모령(某靈)이여 고
  해를 건넜습니다.

(금일 ○○○) 영가시여,

여금일(汝今日) 형탈근진(逈脫根塵)하고 영식독
로(靈識獨露)하여

이제 그대는 여섯 가지 감관과 여섯 가지 경
계에서 벗어나

신령한 의식이 뚜렷해져 수불무상정계(受佛無
上淨戒)하니

하행여야(何幸如也)아 거룩한 부처님의 계를
받게 되었으니

이 얼마나 다행한 일입니까?

모령(某靈) 겁화통연(劫火洞燃)하여 대천구괴
(大千俱壞)하고

(금일 ○○○) 영가시여,

세월이 흘러 오래되면 광대한 우주도 무너지고

수미거해(須彌巨海)도 마멸무여(磨滅無餘)어늘

수미산과 큰 바다도 없어져 남을 것이 없는데

하황차신(何況此身)의 생로병사(生老病死)와

항차 이 작은 몸이 생로병사와

우비고뇌(憂悲苦惱)를 능여원위(能與遠違)아

근심, 걱정, 고뇌를 무슨 수로 피하리오.

모령(某靈)이여 발모조치(髮毛爪齒) 피육근골

148

(皮肉筋骨)과

(금일 ○○○) 영가시여,
그대의 머리카락, 손톱, 이빨, 그리고 가죽,
　살, 힘줄, 뼈
수뇌구색(髓腦垢色)은 개귀어지(皆歸於地)하고
때 같은 육신은 다 흙으로 돌아가고,
타체농혈(唾涕膿血)과 진액연말(津液涎沫)과 침
　과 콧물, 고름, 피, 진액
담루정기(痰淚情氣)와 대소변리(大小便利)는
가래, 눈물, 원기와 오줌 같은 것들은
개귀어수(皆歸於水)하고 난기귀화(煖氣歸火)하며
다 물로 돌아가고, 몸의 더운 기운은 불로 돌
　아가고,
동전귀풍(動轉歸風)하야 사대각리(四大各離)이니
활동하던 기운은 바람으로 변하여,
네 가지 요소가 다 지, 수, 화, 풍으로 흩어져
　제자리로 돌아가는 법이니
금일망신(今日亡身)이 당재하처(當在何處)오
오늘날 영가의 돌아가신 몸이 어디 있다고 하리오.
모령(某靈) 사대허가(四大虛假)라 비가애석(非
　可愛惜)이라니

(금일 ○○○) 영가시여,

이 몸뚱이는 네 가지 요소로서 거짓되고 헛된
　것이니

조금도 애석할 것이 없습니다.

여종무시이래(汝從無始已來)로 지우금일(至于今
　日)이

영가는 오랜 옛적부터 오늘에 이르기까지

무명연행(無明緣行)하고 행연식(行緣識)하며

어리석은 무명으로 말미암아 선악의 행업을
　지었고,

이 행업은 세상에 태어나려는 일념을

식연명색(識緣名色)하고 명색연육입(名色緣六
　入)하며

이 일념의 의식작용이 태중의 정신과 물질인
　명색(名色)을,

명색은 여섯 가지 감관(感官)을

육입연촉(六入緣觸)하고 촉연수(觸緣受)하고

이 여섯 가지 감관은 감촉을 감촉은 지각을

수연애(受緣愛)하고 애연취(愛緣取)하고

지각은 애욕을 애욕은 탐취심을

취연유(取緣有)하고 유연생(有緣生)하여

탐취심은 내세의 과가 될 업을 낳았고,

150

이 업은 다시 미래에 태어나는 연이 되니
생연노사(生緣老死) 우비고뇌(憂悲苦惱)니라.

태어나면 늙고 병들고 죽게 되어
근심하고 슬퍼하고 고뇌하게 되는 것입니다.
무명멸즉(無明滅卽) 행멸(行滅)이요,
그러므로 무명이 없어지면 선악의 행업이 없
    어지고
행멸즉(行滅卽) 식멸(識滅)이요.
선악의 행업이 없어지면 고정관념의 의식작
    용이 없어지고
식멸즉(識滅卽) 명색멸(名色滅)이요,
고정관념의 의식작용이 없어지면 명색이 없
    어지고
명색멸즉(名色滅卽) 육입멸(六入滅)이요.

명색이 없어지면 여섯 가지 감관이 없어지고
육입멸즉(六入滅卽) 촉멸(觸滅)이고
여섯 가지 감관이 없어지면 감촉이 없어지고
촉멸즉(觸滅卽) 수멸(受滅)이요,
감촉이 없어지면 지각이 없어지고
수멸즉(受滅卽) 애멸(愛滅)이요.

지각이 없어지면 애욕이 없어지고
애멸즉(愛滅卽) 취멸(取滅)이요.
애욕이 없어지면 탐취심이 없어지고
취멸즉(取滅卽) 유멸(有滅)이요
탐취심이 없어지면 업이 없어지고
유멸즉(有滅卽) 생멸(生滅)이요.
업이 없어지면 생이 없어지고
생멸즉(生滅卽) 노사우비고뇌멸(老死憂悲苦惱滅)이니라.

생이 없어지면 늙고 죽고 근심하고 슬퍼하는 고뇌도 다 없어지는 것입니다.
제법종본래(諸法從本來) 상자적멸상(常自寂滅相)이니
이 세상 모든 것은 본래부터 스스로 고요하고 청정하므로
불자행도이(佛者行道已)하야 내세득작불(來世得作佛)이니라
불자로서 도를 행하여 내세에는 부처를 이룰 것입니다.
제행무상(諸行無常)이라 시생멸법(是生滅法)이니
모든 현상은 한시도 고정됨이 없이 변하여 돌

아가는 것이

곧 생하고 멸하는 생멸의 법이니

생멸멸이(生滅滅已)하면 적멸위락(寂滅爲樂)이
  니라.

이 생멸에 집착함을 놓으면 곧 고요한 열반의
  경지에 이르는 것입니다.

귀의불타계(歸依佛陀戒)하오며 귀의달마계(歸
  依達摩戒)하오며

부처님계에 귀의합니다.

가르침 계에 귀의합니다.

귀의 승가계(歸依僧伽戒)이니라

- 승가 계에 귀의합니다.

나무과거(南無過去) 보승여래 응공(寶勝如來 應供)

과거의 보승여래이시며, 마땅히 공양받으실
  님이시며

정변지(正邊知) 명행족(明行足) 선서(善逝)

우주법계의 모든 것을 다 아시는 님이시며,

열반에 이르신 님이시며,

세간해(世間解) 무상사(無上士) 조어장부(調御
  丈夫)

이 세상 모든 것을 다 아시는 님이시며,

모든 중생을 잘 다스리시는 님이시며,

천인사(天人師) 불(佛) 세존(世尊)이니라.

하늘 세계와 인간세상의 스승이신 님이시며,

깨우쳐 부처 되신 님이시며,

세상에서 가장 높게 존경 받으실 님에게 귀의
  합니다.

모령(某靈)이시여, 탈각오음각루자(脫却五陰殼
  漏子)하여

(금일 ○○○) 영가시여,

이제 당신께서는 오음을 벗어버리고

영식독로(靈識獨露)하여 수불무상정계(受佛無
  上淨戒)하니

신령한 의식이 뚜렷이 드러나 부처님의 거룩
  한 계를 받았으니

기불쾌재(豈不快哉)며 기불쾌재(豈不快哉)아

이 얼마나 기쁘고 통쾌한 일이옵니까?

천당불찰(天堂佛刹)을 수념왕생(隨念往生)이니

(금일 ○○○) 영가시여,

이제 마음대로 하늘 세계나 부처님 계신 곳에
  태어나게 되었으니

154

쾌활쾌활(快活快活)이로다.

참으로 기쁘고 기쁜 일입니다.

서래조의최당당(西來祖意最堂堂)이며

달마조사 전하신 법 당당하여 으뜸이시니

자정기심성본향(自淨其心性本鄕)이라.

본래 청정한 마음자리 본성품의 고향이네.

묘체담연무처소(妙體湛然無處所)언만

마음이란 맑고 묘해 있는 곳이 따로 없어

산하대지현진광(山河大地現眞光)이로다.

삼라만상 그대로 한마음의 나툼일세.

〈해설〉

『무상계(無常戒)』는 장례식 천도재 때 스님께서 염불하는 경전이다.

형식적인 일체의 형상과 의례를 배척하고 오로지 자신의 본성 속에 갖추어져 있는 삼신불(三身佛)에 귀의(歸依)하는 수행의 규범이다.

부처님은 해탈 열반하기 위해서 계정혜를 닦을 것을 말씀하셨다.

초기율장에 전해지는 계들은 거의 모두가 부처님이 직접 정하신 계율들로 비구계를 비롯한 비구니계 등 많은 계율들이 있다.

후대에 보살사상의 등장으로 보살들이 지켜야 계율들이 정해진다. 이 계율들은 부처님이 정하신 초기율장의 계율을 근거로 하면서도 보살사상에 맞는 계율들이 추가되어 전승된다.

'무상계(無相戒)'란 육조혜능대사가 금강경을 듣고 크게 깨달아 모든 상을 여읠 것을 설하는 『금강경』의 사상을 드러내기 위해 무상이란 이름을 쓴 것이다.

'무상(無相)'이란 "범소유상 개시허망 약견제상비상 즉견여래(凡所有相 皆是虛妄 若見諸相非相 卽見如來)"이란 말씀과 같고, 중생들의 4가지 대표적인 상인 아상·인상·중생상·수자상을 여읠 것을 설하는 것과 같다.

『금강경』에서 이러한 무상(無相)이 바로 '무아를 통달하는 것(通達無我法者)'임을 설하고, 그래서 부처님은 "무아라는 법에 통달한 자를 보살이라고 한다"고 말씀하셨다.

수보리야 약보살(若菩薩) 통달무아법자(通達無我法者)는 여래(如來)가 설명진시보살(說名眞是菩薩)이니라.

초기율장에 전해지는 계율부터 보살계·무상계 등은 모두 불자들에게 탐진치를 여의고 해탈열반에 도움을 주기 위해 설한 것들이다.

16. 회심곡(回心曲)

세상천지 만물지중에 인간밖에 또 있는가.
여보시요 인간이여 이내 한 말 들어 보소.
이 세상에 나온 사람 뉘 덕으로 나왔는가.

천지신명의 공덕으로 아버님전 뼈를 빌고
어머님전 살을 빌어 칠성님전 명을 빌고
제석님전 복을 빌어 이내 일신 탄생하니.

한두 살에 철을 몰라 부모은덕 알손가.
이삼십을 당하여도 부모은덕 못다 갚아
어이없고 애달프다 무정세월 호류하여.

원수백발 돌아오니 없던 망령 절로 난다.
망령이라 흉을 보고 구석구석 웃는 모양

애달프고 설움지고 절통하고 분통하다.

할수없다 할수없어 홍안백발 늙어간다.
인간의 이 공노를 뉘가 능히 막을거나
춘초는 연년녹이나 왕계는 귀불귀라.

우리 인생 늙어지면 다시 젊지 못하는데
인간 백년 살지라도 병든 날과 잠든 날
걱정근심 다 제하면 몇 년 살았다 말할거나.

어제오늘 성한 몸이 저녁나절 병이 들어
섭섭약질 가는 몸에 태산같은 병이 들어
부르나니 어머니요 찾는 것이 냉수로다.

인삼녹용 약을 쓰나 약 효험이 있을런가
판수 불러 경 읽은들 경 덕인들 입을런가
무녀 불러 굿을 하나 굿 덕인들 있을런가
의사의원 많다 한들 죽을 목숨 살릴런가

백약이 무효로다 재미쌀을 실고 실어
명산대천 찾아가서 상탕에 메를 짓고
중탕에 목욕하고 하탕에 수족 씻고

촛대 한 쌍 벌려놓고 향로향합 불 갖추고

소지 한 장 든 연후에
비나이다 비나이다 열시왕전 비나이다.
칠성님전 발원하고 신장님전 공양한들
어느 성현 감응이나 할까 보냐.

제 일전에 진광대왕 제 이전에 초강대왕
제 삼전에 송제대왕 제 사전에 오관대왕
제 오전에 염라대왕 제 육전에 변성대왕
제 칠전에 태산대왕 제 팔전에 평등대왕
제구전에 도시대왕 제 십전에 전륜대왕

열시왕에 부른 사자 일직사자 월직사자
시직사자 삼사자 거동 보소 열시왕의 명령받고
한손에는 철봉 들고 또 한손에 창검 들고

육모방마 높이 들어 쇠사슬을 비껴차고
화살같이 굽은 길로 살대같이 달려와서
닫은 문을 여닫으며 성명삼자 불러낸다.

어서 가자 바삐 가자 뉘 분부라 거역하며

뉘 명이라 지체할까 실낱같은 이내 목에
팔뚝 같은 쇠사슬로 결박하여 끌어내니

혼비백산 나 죽겠네 여보시요 사자님네
살려주오 애걸한들 들은 체도 아니하고
신발이나 고쳐 신고 노자나 갖고 가게

만단개유 애걸한들 어느 사자 들을손가
애고답답 설운지고 이를 어이 하잔 말가.
불쌍하다 이내 일신 인간하직 망극하다

명사십리 해당화야 꽃 진다고 설워 마라
명년봄 돌아오면 너는 다시 피련마는
우리 인생 한번 가면 다시 오지 못하리라.

북망산천 어찌 갈고 심산험로 한정 없는 길이로다
언제 다시 돌아오랴 인간 세상 하직하니
불쌍하고 가련하다 슬하 자손 손을 잡고
만단설화 못 다하고 북망산천 어이 갈까 어이
    갈거나.

정신 차려 살펴보니 약탕관을 벌여놓고

지성구호 극진한들 죽을 목숨 살릴런가.
옛 노인 말 들으니 저승길이 멀다더니
오늘 내게 당하여서 대문 밖이 저승이라
친구 벗님 많다 한들 어느 뉘가 동행할까.

동기자식 많다 한들 어느 뉘가 대신 가며
구사당에 하직하고 사신당에 헌배하고
대문 밖을 썩 나서니 적삼 내여 손에 들고
혼백 불러 초혼하니 없던 곡성 낭자하구나.

울지 마라 울지 마라 두고 가는 나도 있다
하던 일도 제쳐두고 먹던 음식 제쳐두고
하던 살림 어쩌할까 꽤 불러서 증설하고
마당가에 수결 치고 허허 삼사자를 따라간다.

일직사자 손을 끌고 월직사자 등을 밀어
풍우같이 재촉하며 천방지방 몰아갈 제
높은 데는 낮아지고 낮은 데는 높아진다.
악의악식 모은 재산 먹고 가며 쓰고 가랴.

사자님네 사자님네 내 말 잠깐 들어주오
시장한데 요기하고 신발이나 고쳐 신고

쉬어 가자 애걸한들 들은 체도 아니하고
쇠뭉치로 등을 치며 어서 가자 바삐 가자.

저렁 사십구일 저승원문 다다르니
우두나찰 마두나찰 소리치며 달려와서
인정 달라 비는구나 인정 쓸 돈 한푼 없다
못다 먹고 모은 재산 인정 한푼 써볼런가.

저승으로 옮겨 갈까 환전 부쳐 가져올까
의복 벗어 인정 쓰며 열두 대문 들어가니
무섭기도 끝이 없고 두렵기도 측량없다.

대명하고 기다리며 옥사당이 부분 듣고
남녀죄인 등대할 제 정신 차려 살펴보니
열시왕이 좌재하고 최판관이 문서 잡고
남녀죄인 잡아들여 다짐받고 봉초할 제

어두귀면 나찰들은 전후좌우 벌려 서서
기치창검 나열한데 형벌기구 차려놓고
태상호령 기다리니 엄숙하기 측량없네.

남자죄인 잡아들여 형벌하며 묻는 말이

162

선심하여 발원하고 인생간에 나아가서
무슨 선심하였는가 저 혼신 불러다가
대상호령 묻는 말이 바른 대로 아뢰어라.

용반비간 본을 받아 임금님께 극간하고
나라에 충성하고 부모님께 효도하고
가법을 세웠으며 배고픈 이 밥 주어
아사구제하였으나 헐벗으니
옷을 주어 구난공덕 하였는가.

좋은 곳에 집을 지어 행이공덕 하였느냐
깊은 물에 다리 놓아 월천공덕 하였느냐
목마른 이 물을 주어 급수공덕 하였느냐
병든 사람 약을 주어 활인공덕 하였느냐
높은 산에 불당 지어 중생공덕 하였느냐
좋은 밭에 원두 심어 행인해갈 하였느냐

부처님께 공양 들여 마음 닦고 선심하여
염불공덕 하였느냐 어진 사람 모해하고
불의행사 많이 하고 탐재함이 극심하니
나의 죄목 어찌하리 죄악이 심중하니
극락세계 제쳐두고 지옥으로 보내는데

눈물 가려 못 갈래라 착한 사람 불러들여
위로하고 대접하며 몹쓸 놈들 구경하라
이 사람은 선심으로 극락세계 가시는데
인간세상 나왔다가 선심공덕 많이 하고
효자효녀 둔 자손이 송경법사 불러다가
영가혼신 봉청하여 염불해원 길을 닦아
네 원대로 하여주마.

극락으로 가려는가 연화대로 가려느냐
선경으로 가려는가 장생불사하려는가
서왕모의 사환되어 반도소임 되려는가
소원대로 보내는데 옥제전에 주픔하사

남중절색 되어나서 요지연에 가려느냐
백만군중 도독 되어 장수 몸이 되려느냐
어서 바삐 아뢰어라 옥제전에 주픔하사
석가여래 아미타불 제도하여 이문하사
산신 불러 의논하고 어서 바삐 시행하소.

금일 오신 저 혼령 남녀황천 좌우조상
선심공덕 해원받아 극락으로 가시는데
대웅전에 초대하여 다과 올려 대접하며

악한 혼신 잡아들여 착한 혼령 구경하라

악한 혼령 죄중하니 풍도옥에 가두리라
남자 죄인 처결한 후 여자 죄인 잡아들여
엄형국문 하는 말이 너의 죄목 들어봐라
시부모와 친부모께 지성 효도하였느냐
동생 항렬 우애하고 친척 화목하였느냐.

괴악하고 간사한 년 부모 말씀 거역하고
동생간에 이간하고 형제 불목하게 하며
세상간악 다 부리고 열두 시로 마음변화
못 듣는데 욕을 하고 마주앉아 웃음 낙담

군말하고 성내는 년 남의 말을 일삼는 년
청기하기 좋아한 년 지옥으로 보내는데
제목을 물은 후에 온갖 형벌하는구나.

죄지경중 가리어서 차례대로 처벌할 제
도산지옥 화산지옥 한빙지옥 검수지옥
발설지옥 독사아침지옥 거해지옥 각처지옥
분부하여 모든 신령들은 처결한 후
대연을 배설하고 소원대로 다 일러라.

선녀 되어 가려느냐 요지연에 가려느냐
남자 되어 가려느냐 재상부인 되려느냐
제실황후 되려느냐 선녀 불러 분부하여
극락세계 가시는데 인간세상 나왔다가
황천객이 되어 가신 청춘고혼 혼령들은
염라대왕 분부를 하신다.

아서라 세상인간 나왔다가 엊그제 인간인데
오늘날 혼령되어 살아서도 원명이고 죽음길
　도 원명이네
오늘날 혼신되어 사사일을 생각하니
어찌 아니 원통하며 어찌 아니 한심하랴.

우리 부모가 나를 낳아 애지중지 길러내어
청강녹수 원앙의 짝을 지어
남은 여가 시켜내어 후사전당 바랬는데
정명이 그뿐이냐 원명이 그뿐이냐.

할일없이 죽게 되어 멀고먼 황천길을
눈물 가려 어이 가며 앞이 막혀 어이 갈까
젊어 청춘 혼신들은 가련하게 되었구나.

정제수중 놀던 고기가 그물 속에 갇혔는 듯
향기로운 상사난초 잡풀 속에 들었는 듯
경치 좋은 청산백옥이 진토중에 묻혔는 듯
십오야 밝은 달이 구름 속에 잠겼는 듯
적막한 북망산천을 홀로 누워 자탄한다.

하루 이틀 한달 두달 아니어든
저 망자 저 혼신들 어찌할까
청천에 뜬구름은 높기도 높건마는
저 구름을 잡아타고 북망창대 옥황대를 가서
우리 가절을 만나볼거나.

일구월심 넘어간들 연년이 있을소냐
주야장전 긴긴 날을 토굴 속에 홀로 누워
가는 세월 바라보니 속절없이 끊는 간장
울고 가는 저 기러기 차마 듣지 못하리라.

세상만사 오화이라 천상약이 좋다 한들
삼계가 화택이나 그도 역시 원명이여
인간의 전륜황은 만선복덕 제일이나
생노병사 못 면하고 역대왕후 고금호걸
당시에는 자재이나 우비고뇌 못 면하니

죽음길 허사되어 나의 권속 지중하여 생전에
　보는구나
임종시 이별하고 만반고통 뿐일러라.

여보 세상 사람들아 돈 없다고 한탄 마라
죽은 혼신 나도 있다 애욕심에 사로잡혀
만당처자 애착하고 금은옥금 탐을 낸들
임종이별 혼신되니 어느 누가 대신 가랴.

생사광야 험한 길을 나의 혼신
홀로 가고 삼사자가 동행한다.
죽자 사자 친한 친구 동행자가 전혀 없고
한푼 두푼 모은 재산 이 지경에 쓸데없네.

저기저기 저 혼신은 선망후망 혼신들은
금일금시 송경법사 해원경에 해원원심 푸시고
살아 원혼 풀으시고 죽어 원혼 푸시고
황천에 맺힌 고를 모두 다 푸시고 왕생극락
　가옵소서.

나무아미타불 나무아미타불…. (7회)

〈해설〉

『회심곡(回心曲)』은 조선 중기에 휴정(休靜)이 지은 불교 가사로 형식은 4음보 1행을 기준으로 116행이다. 16세기 말경에 지은 것을 1704년(숙종 30) 명간(明衍)이 엮어 1776년(영조 52) 해인사(海印寺)에서 펴낸 목판본 『보권염불문(普勸念佛文)』에 실려 전한다.

순한글 '회심가곡'으로 나옹화상(懶翁和尙)이 지은「서왕가(西往歌)」와 함께 기록되어 있다. 같은 내용의 이본이 『조선가요집성(朝鮮歌謠集成)』, 『석문의범(釋門儀範)』, 『악부(樂府)』(필사본) 등에 실려 있다.

첫머리와 끝부분은 "텬디이의 분 후에 / 삼나만샹 일어나니 / 유정무정 삼긴 얼골 / 텬진면목 절묘호 / 범부 고텨 성인 되 / 오직 사 최귀다 / 요순우탕 문무주공 / 삼강오샹 팔죠목을 / 평세에 장엄니 / 금슈샹에 화로다 …… 년화예 올라 안자 / 됴쥬다 부어 먹고 / 운거를 멍에 메워 / 녹양cus변 방초안에 / 등등임운 임운등등 / 이 노닐면셔 / 태평곡을 부르리라 / 나무아미타불 나라리리라라 / 나무아미타불"로 이어진다.

내용은 말세 풍속에 물들어 충효신행(忠孝信行)을 다 버리고 애욕망(愛慾網)에 젖어 골육상쟁(骨肉相爭)으로 멸망하지 말고, 자기의 봉심(封心)을 바로 가져 일념으로 염불하며, 수행득도(修行得道)해 극락연화대에 올라

태평곡을 부르자는 얘기다.

이 작품은 유교사상이 자연스럽게 불교사상과 융화돼 임진왜란과 병자호란으로 흉흉해진 신도들의 신앙심을 정화시키는 데 큰 감화력을 주며 사람들에게 회자됐다. 요즘에도 불가에서 화청(和請)으로 널리 애창되는 불곡(佛曲)이다.

불교의 대중적인 포교를 위해 알아듣기 쉬운 한글 사설을 민요 선율에 얹어 부른다. 본격적인 불교음악인 범패에 비해 음악 형식과 사설이 쉽다.

장단은 가사를 적당히 붙여 나가는 불규칙한 것으로 한 구절이 끝날 때마다 꽹과리를 쳐서 리듬도 잡고 공백도 메워 준다.

17. 백발가(白髮歌)

백발이 섧고 섧다
백발이 섧고 섧네.
나도 어제 청춘일러니
오늘 백발 한심하다.

우산(牛山)에 지는 해는
제경공(齊景公)의 눈물이로다.
분수(汾水)의 추풍곡(秋風曲)은
한무제의 설움이라.

장하도다 백이숙제
수양산 깊은 곳에 채미(采薇)하다 아사(餓死)한들
초로 같은 우리 인생들은
이를 어이 알겠느냐.

야야 친구들아
승지강산(勝地江山) 구경 가자
금강산 들어가니 처처(處處)에 경산(景山)이요
곳곳마다 경개(景槪)로다.

계산파무울차아(稽山罷霧鬱嵯峨)
산은 층층 높아 있고
경수무풍야자파(鏡水無風也自波)
물은 슬렁 깊었네.

그 산을 들어가니
조그마한 암자 하나 있는데
여러 중들이 모여들어
재맞이하느라고.

어떤 중은 남관(藍冠) 쓰고
어떤 중은 법관(法冠) 쓰고
또 어떤 중 다리 몽둥 큰 북채를
양손에다 갈라 쥐고

법고는 두리둥둥 목탁은 따그락 뚝딱
죽비는 좌르르르 칠 적에

172

탁자 위에 늙은 노승 하나
가사(袈裟) 착복(着服)을 어스러지게 매고

구부구부 예불을 하니
연사모종(煙寺暮鐘)이라 하는 데로다
거드렁거리고 놀아보자

<풀이>
  우산(牛山)에 지는 해는 제경공(齊景公)의 눈물이요: 제
나라의 경공이 우산(산 이름)에 올라 지는 해를 보고 가는
세월을 한탄하며 눈물지었다는 고사에서 나오는 말.
  분수(汾水) 추풍곡(秋風曲)은 한무제(漢武帝)의 설움이
라: 한무제가 분수라는 강을 건널 때 지었다는 노래가
「추풍곡」이며, 늙음을 한탄하는 노래라고 한다.
  승지강산(勝地江山): 경치가 좋은 강산.
  처처(處處)이 경산(景山)이요 곳곳마다 경개(景槪)로다:
곳곳마다 경치 좋은 산이요, 곳곳마다 경치가 빼어나게
좋구나.
  계산파무울차아(稽山罷霧鬱嵯峨) 산은 층층 높아 있고,
경수무풍야자파(鏡水無風也自波) 물은 술렁 깊었네: 당나
라 시인 하지장(賀知章)의 「채련곡(採蓮曲)」에서 인용한 것.
  계산파무울차아(稽山罷霧鬱嵯峨): 안개 걷힌 회계산은

울창하고도 높다.

경수무풍야자파(鏡水無風也自波): 거울같이 맑은 물은 바람 없이도 물결 인다.

막언춘도방비진(莫言春度芳菲盡): 봄이 지나 꽃다운 풀 없다고 말하지 말라.

별유중류채기하(別有中流采芰荷): 가운데 흐르는 물에 마름과 연밥 딸 것 있단다.

재맞이: 명복을 비는 불공.

남관(藍冠): 남빛 관.

연사모종(煙寺暮鐘): 안개 낀 산사의 저녁 종소리. 원래는 소상팔경의 하나.

〈해설〉

『백발가(白髮歌)』는 백발이 되기 전에 허송세월을 말라는 교훈적인 내용의 남도 민요로 작자와 연대는 미상이다. 늙음의 서러움이나 인생의 무상함과 함께 여전히 아름다운 세상을 노래한 판소리 단가로 박녹주, 오정숙, 이일주, 성창순 등 많은 명창들이 불렀다.

늙음을 한탄하며 경치 좋은 곳으로 구경 가자는 내용이며, 후반부는 절의 재맞이 풍경을 그리고 있다. 『백발가』의 노랫말을 보면 「불수빈」이나 「대장부한」 등에서 조금씩 차용한 흔적이 보인다.

단가(短歌)란 판소리를 하기 전에 목을 풀기 위해 하는 짧은 소리로 판소리와 상관없이 독립적으로도 부른다. 노랫말은 대부분 산천풍월(山川風月)이나 고사(故事) 등을 읊는다.

판소리와 상관없는 노랫말의 단가도 있다. 단가는 50여 종이지만 흔히 20여 종만 부른다. 단가는 판소리에 앞서 불러 기교를 덜 부리고 담담하게 노래한다.

현재 자주 불리는『백발가』는 대개 "백발이 섧고 섧다. 백발이 섧고 섧네. 나도 어제 청춘일러니, 오늘 백발 한심허다."로 시작해 늙음의 서러움과 인생무상을 노래한다. 따라서 한탄 일색의 내용으로 예상되지만 실제는 그렇지 않다.

요컨대, 백발이 되고 보니 인생은 허무하지만 세상은 여전히 아름다우니까 명승지를 구경하며 즐기자는 얘기다. 사람이라면 결국 모두 늙는다는 당연한 이치를 노래해 대중의 호응도가 높다.

『백발가』는 백발을 한탄하는 내용으로 시작해 중국의 유명 인물인 제경공(齊景公)·한무제(漢武帝)·백이숙제(伯夷叔齊)의 고사를 나열하며 인생무상을 이야기한다. 그런 다음 "야, 야, 친구들아. 승지강산 구경 가자."라고 말하며 당나라 시인 하지장(賀知章)의 시「채련곡(採蓮曲)」을 인용해 금강산의 경개(景槪)를 묘사한다.

그러구러 "그 산을 들어가니 조그만헌 암자 하나 있는디~"로 시작해 재(齋)를 지내는 승려들의 모습을 여러 의성어와 함께 묘사하고, 그 광경을 소상팔경의 하나인 연사만종(煙寺晚鍾; 안개 긴 산사의 저녁 종소리)인 듯하다고 말한다. 끝으로 단가의 일반적인 종결형인 "거드렁거리고 놀아보세."로 마무리한다.

이처럼 단가 『백발가』는 백발을 한탄하며 인생무상을 말한 후 승지강산을 다니다가 한 암자에 들러 구경하는 것으로 연결된다. 이런 내용은 다른 노래의 곡명이나 내용과 종종 교류한다.

판소리 단가는 주로 평조와 우조의 성음, 곧 화창하거나 평온한 느낌 또는 꿋꿋하고 기개 있는 악상으로 노래한다. 대부분의 『백발가』가 그렇다.

단가 『백발가』는 명창 박녹주가 만년에 자주 불러 청중을 울리곤 했다. 박녹주는 1969년 10월 15일 명동극장에서 열린 그의 은퇴공연에서 울먹이며 불러 객석을 감동시켰다.

18. 법구경 26송

마음은 모든 일의 근본이 된다.
마음은 주가 되어 모든 일을 시키나니
마음속에 착한 일 생각하면
그 말과 행동도 또한 그러하리라
그 때문에 즐거움이 그를 따르리
마치 형체를 따르는 그림자처럼.

바른 생각을 항상 일으켜
깨끗한 행동으로 악을 멸하고
스스로 억제하여 법 따라 살면
그 사람의 이름은 날로 자란다.

마음은 고요히 머물지 않고
끊임없이 변화해 끝이 없나니

이것을 어진 이는 깨달아 알고
악을 돌이켜 복을 만든다.

사랑스러운 예쁜 꽃이
빛깔도 곱고 향기가 있듯이
아름다운 말을 바르게 행하면
반드시 그 결과 복이 있나니.

잠 못 드는 사람에게 밤은 길어라
피곤한 사람에게 길은 멀어라
바른 법을 모르는 어리석은 사람에게
아아 생사의 밤길은 길고 멀어라.

깊은 못은 맑고 고요해
물결에 흐르지 않는 것처럼
지혜 있는 사람은 도를 들어
그 마음 즐겁고 편안하여라.

땅과 같아서 다투지 않고
산과 같아서 움직이지 않으며
진흙이 없는 못과 같아서
이 참사람(아라한)에게는 생사가 없다.

비록 사람이 백년을 살아도
계를 버리어 어지러이 날뛰면
하루를 살아도 계를 갖추어
고요히 생각함만 같지 못하다.

그것은 재앙이 없을 것이라 해서
조그마한 악이라도 가벼이 말라
한방울 물은 비록 작아도
점점 큰 병을 채우나니
이 세상의 그 큰 죄악도
작은 악이 쌓여서 이룬 것이니라.

모든 생명은 채찍을 두려워한다
모든 생명은 죽음을 무서워한다
자기 생명에 이것을 견주어
남을 죽이거나 죽이게 하지 말라.

호화롭던 임금의 수레도 부서지듯
우리 몸도 늙으면 형체도 썩는다
오직 착한 덕만이 괴로움을 면하나니
이것은 어진 이들 하신 말씀이다.

악한 일은 자기를 괴롭게 한다
그러나 그것은 행하기 쉽다
착한 일은 자기를 편하게 한다
그러나 그것은 행하기 어렵다.

게으르지 말고 힘차게 일어나라
좋은 법을 따라 즐거이 나아가라
좋은 법을 따르면 편안히 잔다
금생에서도 또 후생에서도.

진리를 보아 마음이 깨끗하고
생사의 깊은 바다 이미 건너서
부처님 나셔서 세상을 베추심은
중생의 모든 고통 건지시기 위함이다.

승리는 원한을 가져오고
패한 사람은 괴로워 누워 있다
이기고 지는 마음 모두 떠나서
다툼이 없으면 스스로 편안하다.

사랑하는 사람을 가지지 말라
미워하는 사람도 가지지 말라

사랑하는 사람은 못 만나 괴롭고
미워하는 사람은 만나서 괴롭다.

욕됨을 참아서 성냄을 이기고
착함으로써 악을 이겨라
보시를 행함으로써 인색을 이기고
진실로써 거짓을 이겨라.

은혜도 모르고 부끄럼도 없이
못된 성질로 교만스럽게
염치없이 덕을 버린 사람은
생활은 쉽다 그러나 더러운 생활이다.

항상 사랑으로 남을 이끌고
바른 마음으로 법답게 행동하며
정의를 지키고 지혜로운 사람
이것을 도에 사는 사람이라 부른다.

떨쳐 일어날 때에 일어나지 않고
젊음을 믿어 힘쓰지 않으며
마음이 약하고 인형처럼 게으르면
그는 언제나 어둠속을 헤매리라.

남에게 수고와 괴로움을 끼쳐
거기서 내 공을 얻으려 하면
그 재앙은 내게로 돌아와
원망과 미움은 끝이 없을 것이다.

해서 안 될 일은 행하지 말라
한 뒤에는 번민이 있나니
해야 할 일은 항상 행하라
가는 곳마다 뉘우침 없다.

전장에 나가 싸우는 코끼리가
화살을 맞아도 참는 것처럼
나도 세상의 헐뜯음을 참으며
항상 정성으로 남을 구하자.

애욕을 떠나 두려움 없고
마음속에 걱정이나 근심 없으며
번뇌의 속박을 풀어 버리면
생사의 바다를 길이 떠나리라.

세상 모든 것 헛된 것이라
구태여 가지려 허덕이지 않고

잃었다 하여 번민도 않는 사람
그야말로 참으로 비구이니라.

사랑과 미움의 흐름을 끊고
미혹의 그물과 자물쇠를 벗어나
어둠의 장벽을 허물어뜨린 사람
그를 바로 사문이라 한다.

〈해설〉

『법구경(法句經)』은 인도의 승려 법구(法救)가 인생에
지침이 될 만한 좋은 시구(詩句)를 모아 엮은 경전이다.
산스크리트어 udna 경전의 서술 형식에서 질문자 없이
부처 스스로 설한 법문이다.

남방상좌부(南方上座部)의 경장(經藏)에 포함되어 있
는 원시경전 가운데 하나이다. 후대의 대승경전에서도
그 유례를 찾기 힘들 만큼 명쾌한 구성과 해학이 섞인
법문(法門)으로 진리의 세계, 부처님의 경지를 설파하고
있다. 특히 실생활과 밀접한 관계를 가진 내용이 재미
있다.

경전의 성립사적(成立史的)인 측면에서 보면 『출요경
(出曜經)』『법집요송경(法集要頌經)』등과 같은 계통의
것으로 많은 비유와 암시로 불법을 홍포(弘布)하는 일

종의 비유문학적인 경전이다.

　팔리어 원문『Dhammapda』가 현존하고 있으며, 동본이기(同本異記)로는 법거(法炬)·법립(法立) 공역의 4권으로 된『법구비유경(法句譬喩經)』이 있다. 비록 말은 짧고 표현도 소박하지만 구구절절이 경구(警句)로 된 감로(甘露)의 법서(法書)로 알려져 있다.

　한역(漢譯)으로 전하는 것은 오(吳)나라 유기난(維祇難) 등이 번역한 39품(品)으로 된 책이 있다. 이를『법구집경(法句集經)』,『담발게(曇鉢偈)』라고도 한다.

　오늘날 특히 널리 알려진 것은 서양인들이 처음 설립한 '아세아학회'가 19세기 말부터 많이 영역(英譯)한 탓이다. 이 중 가장 오래된 것은 M. 뮐러의『담마파사』로 1881년 출간됐다.

　서양의 언어로 가장 많이 번역된 불교 경전으로 서구 지식인들 사이에서 반드시 읽어야 할 '교양필독서'이다. 인간으로서, 구도자로서 이생을 살아가는 방법을 구체적으로 제시한 '삶의 지침서'로 널리 알려져 있다.

　이처럼 삶의 나침반 역할을 하는 여러 경전을 통해 방황하는 현대인들에게 희망의 메시지를 전해 준다.

經基 道知事 天使

'제2의 이완용'을 암살하라!

이재명 경기도지사의 생일은 매국노 이완용을 처단하려다가 실패한 이재명 의사의 의거일과 같은 12월 22일이다.

한자까지 똑같은 동명이인의 이재명 경기도지사는 알아도 이재명 의사(李在明 義士)를 아는 사람은 많지 않다. 하지만 그가 이완용을 암살하려다 실패한 독립운동가인 사실을 아는 사람은 드물다.

이재명 지사는 우연히도 이 의사의 의거일이 자신의 생일과 같은 날이라고 주장한 적이 있다. 매국노를 죽이려다 스물셋 꽃다운 나이에 교수형을 당한 이재명 의사에 대한 인식과 대접은 이토록 극명하다.

이재명 의사는 꽃다운 스물셋에 사형당했지만 이재

명 지사는 서글픈 스물셋에 사법고시를 패스했다. 똑같은 스물셋의 나이는 무엇을 의미할까?

이 의사에게는 1962년 건국훈장 대통령장이 추서됐지만 직계 후손이 없어 훈장을 국가보훈처가 보관하고 있다. 고향도 평북 선천이라서 생가와 친척도 못 찾았다. 형이 집행된 후 시신도 수습되지 않아 유골의 행방도 묘연하고 묘소도 없다. 그럴 바에는 차라리 이재명 지사가 보관하는 것이 어떨까?

이재명 의사는 1887년 10월 16일 평북 선천에서 태어나 8살 때부터 평양에서 성장했다. 이 의사는 평양 일신학교를 졸업하고 1904년 미국 노동이민회사의 모집에 응해 미국 하와이로 갔다. 그는 공부를 더 하기 위해 1906년 3월 미국 본토로 옮긴 후 안창호의 공립협회에 가입했다.

일제는 1907년 고종을 강제 퇴위시키고 '정미7조약'을 체결해 대한제국의 군대를 해산시켰다. 이에 따라 공립협회가 매국노 처단 실행자를 선발하는 데 이 의사가 지원한 것이다.

이재명 의사는 1909년 12월 22일 이완용이 종현천주교당(명동성당)에서 열리는 벨기에 황제 레오폴드 2세 추도식에 참석한다는 소식을 듣고 거사를 준비했다.

그날 이 의사는 김병록 · 이동수와 오전 11시 30분경

성당 밖에서 군밤장수로 변장해 기다렸다. 이 의사는 인력거를 탄 이완용이 지나가자 비수를 들고 달려들었다. 그때 인력거꾼 박원문이 제지하자 그를 찌르고 이어 이완용의 허리 쪽을 공격했다. 이완용이 혼비백산해 달아나려 하자 다시 세 군데를 더 찔렀다.

"오늘 우리의 공적(公敵)을 죽였으니 정말 기쁘고 통쾌하다!"

이 의사는 거사 직후 현장에서 일경에게 체포되면서도 만세를 부르며 외쳤다. 그러나 이완용은 가까스로 치명상에서 벗어나 목숨을 건졌다.

이 의사는 경시청 조사에서 공범 여부 질문에 "이런 큰일을 하는 데 무슨 공범이 필요하냐. 공범이 있다면 2000만 우리 동포가 모두 나와 공범이다"고 답했다.

2010년 4월 재판에서도 "도와준 자를 말하라"는 재판장 스가하라에게 "이완용을 죽이는 것을 찬성한 자는 우리 2000만 동포 모두이며 방조자는 전혀 없었다."고 말했다. 그리고 엄숙한 목소리로 역적 이완용의 8개 죄목을 거론하며 통렬하게 비판했다.

"공평치 못한 법률로 내 목숨을 빼앗을 수는 있으나 나의 충혼, 의혼(義魂)은 절대 빼앗지 못할 것이다. 한번 죽음은 슬프지 않다. 다만 생전에 이루지 못한 일이 한심스러울 뿐이다. 내 결코 죽어서도 그 원한을 갚을 것이다."

이재명 의사는 1910년 5월 18일 경성지법에서 사형을 선고받고 꼿꼿한 자세로 재판장을 꾸짖으며 최후 진술을 했다.

이 의사는 총독부 체제 발족 바로 전날인 1910년 9월 30일 순국했다. 의사는 의거 공모자들을 보호하면서 끝까지 단독 범행을 주장했다. 그러나 김병록 등 동지 10여명도 최고 징역 15년형의 중형을 선고받았다.

이완용은 일본인 외과 의사의 집도로 53일 동안 입원했다. 순종과 고종은 이완용이 퇴원하는 날까지 하루도 거르지 않고 시종을 보냈으며 거액의 위로금도 주었다. 전국의 관찰사와 군수들로부터도 위로금이 답지했다고 하니 참으로 한심한 정국이었다. 그만큼 당시로서는 친일파가 되는 일이 식은 죽 먹기였다.

이완용은 퇴원하고 충남 온양에서 휴양한 이후 총리직으로 복귀해 데라우치 통감과 한일합방조약에 서명했다. 이완용은 그 후 4일 지나 순종 황제로부터 대한제국 최고훈장인 금척대수훈장을 받았다.

결국 이완용은 일제의 보호 속에 백작 작위를 받고 호의호식하며 부귀영화를 누리다 1926년(68세) 사망했다. 사인은 이 의사의 칼에 찔려 폐를 다친 후유증이었다.

이재명의 슬픈 가족사…

이재명 성남시장은 2016년 2월 4일 「나의 슬픈 가족사, '이재명 형수 쌍욕'의 진실」이라는 글을 페이스북에 올렸다.

이 시장은 어렵게 살던 어린 시절과 인권변호사가 되기까지 등 가정형편을 털어놓았다. 그리고 형수 '쌍욕'이 왜 나오게 되었는지도 자세히 밝혔다.

그러면서 가족사와 관련해 이 시장은 "혈연이라 어쩌지도 못하는 이 고통… 겪어보지 않은 사람은 상상조차 할 수 없습니다."라며 "다시 어머니에 대한 흉포한 패륜현장을 직면한다면 과연 인내할 수 있을지는 여전히 미지수입니다."라고 적었다

다음은 이재명 시장이 페이스북에 올린 글의 전문이다.

경북 안동·영양·봉화 접경인 심심산골 안동군 예안면 도촌리 지통마을이 내가 태어난 곳입니다. 7남매를 데리고 산전을 일궈 살던 아버지는 내가 초등학교 3학년 때 집을 나가시고, 어머니 혼자 7남매를 키우셨지요.

어머니는 남의 밭일 대신 해주고 겉보리 한 되 좁쌀 한 됫박씩 얻어먹으며, 사람이 굴러 내릴 정도의 급경

사 산비탈을 일군 산밭에서 키운 감자로 어린 자식들의 주린 배를 채워 주셨습니다.

자식들과 살아남기 위해 어머니는 감시원 눈을 피해 막걸리를 빚어 농사일이 끝난 밤에 술장사를 하셨고, 가끔 장에 나가 진통제 가스명수 같은 간단한 의약품을 떼어다 파는 약장사까지 하셨습니다.

젊은 나이에 홀몸이 되어 많은 자식을 거느리고 힘겨운 삶을 사시면서, 늦은 밤 방구석이나 새벽의 부엌에서 텃밭에 쭈그리고 앉아 우시던 어머니 모습은 아직도 생생합니다.

방안의 물그릇이 꽁꽁 어는 '소개집'에서 자식들 추울까봐 새벽에 일어나 군불을 때주시던 어머니가 어느 날부터인가 아궁이 앞에 쪼그려 앉아 담배까지 피우기 시작했습니다.

일찍부터 흰머리가 나신 어머니의 점점 희어져가는 머리카락만큼이나 점차 쭈그러져만 가는 어머니. 감기 몸살이 나면 어머니는 약을 아끼려고 내게 '객귀 물리기'를 시키셨지요. 어머니가 몸져누우면 나는 으레 숫돌에 식칼을 간 후, 칼끝을 어머니 앞니 사이에 세우고 숫돌물을 칼날에 흘려 넣으며 어머니가 시킨 대로 '객귀야 물렀거라'를 반복했습니다. 그렇게 숫돌물을 여러 번 마신 어머니는 희한하게도 며칠 지나지 않아 다시 일어나셨습니다.

어린 나이였지만, 못쓰게 된 칫솔로 어머니 흰머리를 염색해 드리고, 감자를 깎고, 어머니를 따라 돌이 굴러 내리는 깊고 깊은 산골짜기 밭에 가 비지땀 흘리며 콩밭 잡초를 뽑고 감자를 캐면서도 오직 어머니와 함께 다니는 게 즐겁기만 했습니다.

자식들을 위해 모든 걸 버리는 어머니가 애처롭고 불쌍하고 고맙고, 어머니 없는 세상이 무서워 어머니 돌아가시면 나도 따라 죽겠노라 마음속으로 맹세하기도 했습니다. 어머니는 나의 전부였습니다.

1976년 내가 초등학교를 졸업하면서 성남으로 이사를 왔습니다. 반지하 단칸방에 9식구가 오글거리며, 다시 결합한 아버지는 상대원시장 청소부로 일하시고, 어머니는 초등학생인 여동생을 데리고 시장 화장실을 지키며 10~20원 이용료를 받아 생활했습니다.

어머니와 여동생은 화장실 앞에 앉아 남자 손님에게 돈을 받는 걸 정말로 싫어하셨지만 그야말로 목구멍이 포도청이었습니다.

온 가족이 진학을 포기하고 전부 생활전선에 뛰어들었습니다. 살기 위해 어쩔 수 없었습니다.

많은 세월이 지난 후 아버님은 청소부로 일하다 얻은 병으로 55세 짧은 생을 마감하셨고, 큰형님은 건설노동자로 일하다 한쪽 다리가 잘리는 산재 사고를 당했으며, 누님은 여전히 요양보호사로 일하고, 둘째 형님은 청소회사 직원으로, 동생 둘은 환경미화원으로 일하는데 기가 막히게도 여동생은 2년 전 새벽 청소를 나갔다가 과로로 화장실에서 죽고 말았습니다.

분당에서 '야쿠르트 아줌마'이던 여동생은 딴 일을 하고 싶어 하면서도 "오빠가 시장 당선됐다고 좋은 데 가느냐"는 말이 듣기 싫다며 야쿠르트 배달을 계속하다, 내가 재선된 후에야 그나마 좋은 직장이라고 환경미화원으로 일하기 시작했는데, 2014년 8월에 저보다 먼저 저세상으로 가고 말았습니다.

우리 형제들은 최종 학력이 제일 높은 사람이 중졸이었습니다. 대부분 초등학교를 겨우 마쳤고 나 역시 초등학교 졸업 후 공장에서 일했습니다.

어머니는 학교 대신 공장을 가는 어린 내가 불쌍하다고 한손에는 도시락을 들고 한 손은 내 손을 잡아 공장까지 바래다주시곤 했습니다. 저를 공장까지 바래다주고 돌아가시는 길에 눈에 미끄러져 낙상을 입어 고생하시던 어머니….

소년공으로 공장을 다니며 산재사고로 팔이 비틀어지고 후각을 잃은 장애인이 되었지만 군복을 입고 군기 잡는다며 출퇴근 때마다 '빳다'를 치는 관리자가 부러워 공부를 시작했습니다.

사춘기의 장애 소년으로 아침마다 교복 입고 학교 가는 학생 대열을 거슬러 기름때 묻은 작업복에 공장으로 향하는 제 삶의 무게를 견디지 못해 '스스로 죽을' 고비를 두 번이나 넘겼습니다.

두 번의 자살 시도가 실패한 후 죽을힘으로 살자며 목숨 걸고 공부해 장학금에 생활보조비까지 받으며 대학을 갔습니다. 가장 커트라인 높은 학과를 선택했고, 그래서 사법시험을 공부했고, 그 후 인권변호사 시민운동가의 길을 걸어 마침내 여기까지 왔습니다.

대학에서 받는 공장노동자 월급의 몇 배에 이르는 생활보조비로 집의 생활비를 보태면서 정비공으로 일하던 셋째 이재선 형님에게 공부를 권유했습니다.

직장을 그만두고 내 장학금으로 공부한 형님도 좋은 성적으로 생활비를 받으며 대학을 갔고, 공인회계사도 합격했습니다.

그때까지는 모두가 좋았습니다. 그런데 그 셋째 형님이 결혼 후 서서히 가족들과 발길을 줄이고, 명절은 물론 어머니 생신 아버님 제사까지 불참하며 남이 되어 갔습니다.

이 형님 부부는 저에 대한 시기 질투심, 열등감을 나타냈고, 이게 지나쳐 병적증상으로 변하더니 "내가 부처 예수보다 위대하다"며 이상행동을 시작했고, 형수는 이를 제지하지 않은 채 오히려 시댁과 형님 간의 갈등을 부추기기에 바빴습니다.

결국 셋째 형님 부부는 용서할 수 없는 패륜행위를 저질렀습니다.

어처구니없게도 성남시장 후보직 양보를 바라던 이 형님은 불법문자 메시지를 대량 발송하는 등 내 선거를 방해하다 2010년 내가 시장선거에 당선되자 취임식장에 청바지에 잠바를 입고 나타나 '가족특별석'을 만들지 않았다고 불만을 토로하더니 취임 직후부터 이권에 개입한다는 소문이 돌기 시작했습니다.

녹지를 훼손해 노인요양시설을 짓는 이권사업에 셋째 형님이 돈을 받고 밀어준다는 소문이 퍼지면서 사업 신청이 네 곳이나 들어왔습니다.

큰일이다 싶어 이를 모두 불허하고 규정을 정비해 원천 봉쇄했습니다. 그러자 이번에는 그 형님이 '시장 친형'을 내세우며 공무원들에게 직접 업무지시를 하고 불응하면 폭언을 퍼붓고 직접 백화점 불법영업 단속에 나서는가 하면, 감사관과 비서실장을 통해 공무원 승진과 징계 등 인사 청탁을 하고, 관내 대학에 교수 자리를 마련해 달라는 이권청탁을 했습니다.

있을 수 없는 일이라 이를 모두 묵살하고 공무원들에

겐 통화와 접촉을 하지 말도록 지시했습니다.

여기에 국정원 김 과장이라는 자가 "이재명이 간첩이라 곧 구속된다"며 부추기고(통진당 사건으로 추측), 새누리당 고위간부가 시의원 비례대표 공천 언질을 주자 형님 부부는 종북시장 퇴진운동을 본격 시작했습니다.

새누리당 의총장 난입, 은행 난동, 백화점 영업 방해 등을 벌이던 형님은 급기야 어머니까지 폭행하고 입에 담을 수 없는 패륜 행위를 저지르고 말았습니다.

100억 부자라고 자랑하는 형님은 어머니가 가진 노후자금 5천만원을 빌려달라고 했다가 거절당하자 어머니에게 "그 돈 갖고 뒈져라. 뒈져도 상가 집 안 간다"는 등 패륜적 폭언을 퍼붓고 완전히 인연을 끊었는데, 2012년 여름 근 10년 만에 어머니 집에 쳐들어가 "이재명에게 전화 연결하라"고 하다가 어머니가 거절하자 팔순의 늙은 홀어머니에게 "X할 년 개X같은 년"이라며 "집에 불을 질러 죽인다. 다니는 교회에 불 지른다"고 협박해 어머니가 내게 전화하게 해 통화했고, 내 아내에게 형님은 "내가 나온 어머니 XX 구멍을 칼로 쑤셔 죽인다"고 하며 형수는 이걸 '고도의 철학적 표현'이라 극찬하며 시집식구들을 능욕했습니다.

형님 부부를 피하시던 어머니가 주일에 교회에 가자 형님은 교회에 불지르겠다고 해 경찰이 어머니를 집에 모셔 보호하다, 저녁에 잠시 자리를 비운 사이 어머니 집에 난입해 기물을 때려 부수고 어머니를 폭행해 입원시키는 사태가 벌어졌습니다.

어머니 신고로 잡힌 셋째 형님 부부가 경찰조사를 받고 나오던 중 이 끔찍한 패륜현장에 도착한 나는 도저히 이 부부를 용서할 수 없었습니다.

형님과 통화를 시도했으나 형수가 중간에 빼앗아 "그 정도 가지고 경찰에 신고하느냐. 어머니를 무고죄로 고소하겠다"고 하는가 하면 "시어머니 XX 구멍을 찢어 죽인다는 건 철학적 비유"라며 약을 올려 심한 말다툼을 했습니다.

"당신 아들이 당신에게 XX를 찢겠다고 하면 당신은 어떤 심정이겠느냐. 당신 오빠가 당신 친정어머니에게 그렇게 말했다면 철학적 표현이라고 편들 수 있겠느냐" 등의 말다툼이 수차례 있었습니다.

이 패륜의 현장에서 오간 수많은 통화 중 일부가 왜곡 조작되어 2012년에 한번, 2014년에 다시 한번, 그리고 2016년 오늘 세번째 시중에 나돌고 있습니다.

다른 건 다 용서해도, 이제 병들고 늙은 내 가여운 어머니를 욕하고 능멸하고 때리는 건 용서할 수 없습니다. 그날 그들 부부가 내 눈앞에 있었다면 폭언이 아니라 살인을 했을 겁니다.

당시 함께 있던 둘째 형님과 동생들이 오히려 내 정치적 미래를 걱정하며 말렸지만 내 정치적 미래가 어머니에 대한 패륜을 참아 넘길 정도로 중요치 않았습니다. 다시 어머니에 대한 흉포한 패륜현장을 직면한다면 과연 인내할 수 있을지는 여전히 미지수입니다.

　　형님은 결국 정신병증이 심해져 2014년 11월 약 6주간 형수와 딸에 의해 경남 창령의 국립부곡정신병원에 강제 입원되었습니다.

　　그러면서도 형님 부부는 "이재명이 시장권력을 이용해 멀쩡한 형님을 정신병자로 몰아 강제입원시키려 한다"고 거짓말을 퍼뜨리고 형수 박인복의 거짓기자회견 동영상을 만들어 인터넷에 올린 후 지금도 같은 거짓말을 하고 있습니다.

　　어머니 폭행과 협박, 어머니 접근금지, 음성파일 유포금지도 사실인데 부인하니 벌금판결, 접근금지 명령서, 음성유포금지 명령서를 공개합니다.

　　어머니를 둘러싼 패륜과 가족간 다툼, 정신질환자를 이용해 정치적 공격을 사주하고 부추기는 국정원, 이 패륜을 사주하고 오히려 나를 패륜으로 모는 패륜 새누리당에 언젠가 꼭 책임을 묻겠습니다. 혈연이라 어쩌지도 못하는 이 고통…. 겪어 보지 않은 사람은 상상조차 할 수 없습니다.

그러나 다행으로 생각합니다. 원만하게 형님 부부의 요구를 들어주었다면 이런 사단은 피했겠지만, 형님 부부는 친인척 비리범이 되어 저를 더 괴롭혔을 겁니다.

오늘도 모 시장실이 동생 비리로 압수 수색당했다는 보도를 보며 가족문제로 인한 고통이 친인척 비리보다는 낫다는 위안을 삼습니다.

공개되지 말아야 할 가족문제가 공개되어 세인들이 눈 흘기는 사이 돌멩이는 커지고 또 단단해지고 있습니다. 회피할 수도 있는 이 고통을 감내하는 것은 해야 할 일이 있기 때문입니다. 그건 바로 불공평과 불공정을 시정하고 기회 균등한 나라를 만들어 내 가족 내 이웃, 나아가 대한민국 90% 국민에게 꿈과 희망을 만들어주는 것입니다.

100만 도시 성남시장 가족으로 가능할 수도 있는 혜택이나 이익을 바라지 않고 가난한 서민으로 묵묵히 살아가는 다른 형제자매들과 가족들에게 무한한 사랑과 감사를 표합니다.

어머니…. 주신 사랑과 희생 조금이라도 갚을 수 있게, 꼭 오래오래 건강하게 살아주십시오.

어머니, 사랑합니다.

영웅은 어렵게 만들어진다

이재명의 좌우명은 '진인사대천명(盡人事待天命)'이다. 그만큼 그의 인생사는 다사다난하다. 1964년 경상북도 안동군에서 7남매 중 다섯째로 태어났다. 어릴 때부터 집안 형편이 안 좋아 초등학교를 졸업하고 중학교에 갈 엄두가 나지 않았다.

1976년 경기도 성남시로 이주해 1981년까지 6년간 상대원공단에서 노동자로 일할 때 산업재해로 장애인 6급 판정을 받아 병역이 면제됐다. 1978년부터 검정고시를 준비해 고입 · 대입검정고시에 합격했다.

1982년 중앙대학교 법학과에 장학생으로 입학한 후 1986년 졸업과 동시에 사법시험에 합격하고, 1989년 사법연수원 18기 수료 후 변호사가 되었다.

빈농 노름꾼의 자식으로 태어나 초졸 소년공으로 온갖 산업재해를 입고 보상도 못 받고 검정고시로 중앙대 법대에 입학했다. 장학금 하나 믿고 뼈를 깎는 수험 생활 끝에 변호사가 됐다.

경기도 성남에서 변호사로 개업한 후 경기도 이천시와 광주시에서 노동상담소장으로 활동하고, 시국 · 노동사건 변론 등을 맡았다. 1994년에는 성남참여자치시민연대(구 성남시민모임)를 결성했다. 2000년 '분당 백궁·정자지구 용도 변경' 특혜 의혹을 제기했고, 2002년 김병량 전 성남시장의 '파크뷰 특혜 분양' 사건을 「추적 60분」에 폭로하는 과정에서 구속 처벌받았다. 2004년 성남시립병원 설립추진위원회 공동대표를 맡아 활동하기도 했다.

이재명은 정치인이 되면서도 한 번에 당선되지 못하고 3회째 당선됐지만, 2017년 사망한 셋째 형이 공인회계사로 동생의 공직 자리를 이용해 알선 수재를 하려다 원수지간이 됐다. 사실 이재명의 형도 대단한 것이, 당시의 공인회계사는 난이도와 연봉과 권력에서 고시 수준이었다.

참으로 안타깝게도 여동생은 청소부 일을 하다 과로로 죽었는데, 이것도 사연이 짠하다. 여동생도 오빠를 따라 일찍이 생업전선에 뛰어들었고, 이재명이 변호사에서 정치인으로 변모하던 10여 년간 동네에서 야쿠르트 배달을 했다. 시장 당선 이후 이직하면 오빠에게 오해가 갈까 봐 재선 이후 옮겼는데, 그것이 고작 새벽에 출근하는 청소부였다. 실로 고맙고도 눈물나지만 억울한 오누이였다.

하지만 여동생은 과로로 얼마 안 되어 뇌출혈로 사망했다. 이재명은 이를 두고 "여동생이 정치적 유혹을 떨치는 데 큰 역할을 했다"고 밝혔지만 이 또한 그를 더욱 강하게 만드는 주춧돌이 되었을 것이리라.

그의 인생사와 정치 경험을 훑어 보면 "나는 어차피 밑바닥이니 잃을 것이 없다. 이렇게 살다가 죽더라도 노력 하나로 이 세상을 다 씹어 먹어 보이겠다."는 일념 하나로 살아온 듯한 에너지가 가늠된다.

정책에서는 반대파가 많지만, 그가 산전수전 다 겪고 작금까지 왔다는 사실은 모두 인정한다. 역대 정치권에서 대통령까지 차지한 김대중, 노무현, 이명박, 문재인 등이 다 같다.

미국으로 눈을 돌리면 빌 클린턴과 버니 샌더스도 비견된다. 그나마 그들은 고등학교라도 마쳤지만 이재명은 청소부, 노가다 출신 부모 밑에서 교육도 제대로 받지 못했다.

이재명은 초졸로 검정고시를 본 사례이며, 일찍 현장에 몸담았다가 정신과 육체까지 망가졌지만 그것을 전부 극복하고 시장과 도지사가 됐다.

이처럼 일생이 파란만장한 사람은 세계적으로도 보기 드물다. 굳이 비슷한 인물을 찾자면 에미넴 정도인데 그쪽은 가수이다.

에미넴은 미국의 래퍼로 힙합 역사 중 가장 위대한 아티스트 중 한 명이다. 그의 인생사는 정말 슬프다. 소위 말하는 '백인 쓰레기(White Trash)' 계층의 찢어지게 가난하고 어린 싱글 맘 밑에서 디트로이트에서도 슬럼 가에 살았다. 그 역시 아버지 없는 한 부모 가정인데 그 어머니도 중독자인 데다 백인이다.

빈민가에서 흑인들과 랩 배틀을 하며 이름을 날리고, 데뷔할 즈음에는 백인인데도 뛰어난 랩에다 독특한 가사와 스타일로 주목받아 성공했다.

"나는 ×발 어차피 존나 밑바닥이니 잃을 게 없다. 이렇게 살다 죽더라도 랩 하나로 이 세상을 다 씹어 먹어 보이겠다."

마치 그의 인생사와 랩 커리어를 쭉 훑다 보면 그런 일념으로 살아온 듯한 에너지가 느껴진다. 그런 점에서 에미넴과 이재명은 판박이다.

그런 이가 일개 기초자치단체장 출신으로 대권주자에 올랐다는 것도 스스로 말했듯이 큰 행운이다. 본인도 그것을 인지하는지 농담 삼아 인정했다.

사실 정신과 육체 중 하나만 썩어도 공부 자체가 불가능한 것이 다반사이다. 그런데 모두 썩어나는 환경에서 살아온 이재명은 그 어렵다는 당시 사법시험도 쉽게 통과했다. 이재명 시절에는 한번 붙으면 판검사는 따놓은 당상이라 할 만큼 지금과는 비교도 안 되는 영광의 시험이었다.

그리고 보통 이재명 수준의 환경이면 늦깎이로 합격하는 경우가 대부분인데 그는 23살에 합격했다. 그것이 어느 정도 수준이냐 하면 서울대 법대 내에서 상위권을 달린 어느 정치인과 같은 나이에 합격했다는 얘기다.

나는 소년 공돌이였다

"공장 생활 6년 동안 쇠붙이와 화공약품이 내 몸에서 이름을 얻는 동안, 나는 이름조차 없던 소년 공돌이였을 뿐이다."

이 말은 자서전 『이재명의 굽은 팔』 중에 나오는 얘기다. 그럴 수밖에 없는 것이, 나이가 어렸기에 다른 사람의 이름으로 공장에 들어간 데다 이재명이라는 이름과 그의 생일도 늦게 받았기 때문이다.

이재명은 1964년 경상북도 안동시에서 태어났다. 정확히는 영양군, 봉화군, 안동시가 만나는 예안면 청량산 가락에서 태어나 자랐다.

진짜 생일은 불명으로 밝히고 있다. 2006년에 쓴 회고록에서 모친은 그의 음력 생일을 63년 10월 23일이라 했으나 자신은 어머니께 송구스럽지만 이를 믿을 수 없다고 했으며, 그의 주요 계정명인 ljm631000은 이런 의미로 볼 수 있을 것이다.

이후 이재명은 모친께서 생일을 잊어 진짜 생일을 모

른다는 입장을 유지하고 있다. 그의 기록상의 생년월일은 독립운동가 이재명의 거사일과 같은 월일이라고 얘기했던 1964년 12월 22일이며, 전술한 1963년 10월 23일을 실제 생일로 보면 이 날은 양력으로 1963년 12월 8일이 되는 날이다.

원래는 5남4녀 중 일곱째였으나 누나 둘이 요절하면서 다섯째가 됐다.

경북 영양군 사람인 그의 부친 이경희는 대구 청구대학교를 중퇴하고 순경 · 교사 등을 하다 노름에 빠졌고, 이후 탄광 관리자 등을 전전하다가 경북 안동군 예안면 산골 '지통마을'에서 농사를 지었다. 그의 부친에 대한 증언으로는 싫은 소리 못하는 사람, 산골 마을에서 동장을 맡은 경력 등이 있다.

하지만 그나마 조그만 땅뙈기까지 노름에 날리고, 1976년 경기도 성남시 중원구 상대원동 시장에서 청소부 일을 했다.

어느 날 이재명의 모친이 밭을 갈러 가니 모르는 사람이 그 밭을 갈고 있었단다. 이른바 노름으로 땅을 날렸다는 얘기다.

이재명은 부친에 대한 평가를 가르는 편이다. 그는 2006년 야후 블로그에 "부친은 당시 유행처럼 돈이 생길 때마다 밤에 몰래 모여 화투를 치다 결국 도박습벽으로 집문서 땅문서까지 잡혀 결국 없는 재산도 거덜 내고 초등학교 3학년 때 가족을 버리고 고향을 떠난 사람"이라고 썼으며, 2018년에 올린 공직자가 잃는 것이 란 페북엔 "평생 남의 것을 탐하지 않고 성실하게 살던 사람"으로 평했다.

이는 후에 그의 일기장으로 작성된 글에 따르면 그의 성남 생활이 시작된 것을 부친이 가족을 부른 뒤였으며, 부친과는 성장과정에서 다툼도 있었지만 일자무식이던 시절에 문서 작성이나 자전거 구매 등으로 도움도 받는 등 입체적인 입장을 보였다. 시기상 2006년은 정계에 입문한 시기이고, 2018년은 대선 후 경기도 지사가 된 다음이다.

이 당시의 남자들이란, 그 중에서도 어딘가 머리나마 돌아가는 듯한 사내들이라면 한번쯤 노름판에 끼어들었다.

그 자신이 남보다 낫다는 판단에서였겠지만 그만큼 휩쓸리면 안 되는 자리였다. 그럼에도 이재명의 아버지는 그 당시 그 어려운 대학을 중퇴했으니 보통 머리는 아니었다.

참고로 이재명의 모친은 공중변소 앞에 하루 종일 앉아 요금을 받았다. 자식들을 위해서라면 무엇이든 못하랴. 이재명은 너무 가난해 남들 다 중학교에 진학할 때 성남 상대원 공단 소년공으로 힘든 삶을 살았다.

어머니는 이처럼 불안정한 가정생활 탓에 아들의 생일도 잊어 버렸고, 점쟁이에게 물어(?) 생일 날짜를 정했다. 이는 생일을 챙겨 주려고 만든 것이 아니라 학교 등록을 하려면 어쩔 수 없이 만들어야 했다.

초등학교는 의무 교육이기 때문에 다녔다. 그러나 초등학교와 집의 거리가 6km로 재해나 추위가 닥치면 가지 못하고, 본인이 재해를 만들어(?) 결석일이 잦았다. 그 당시 교사에게 맞고 다녀 나중에 교사가 되어 애들을 때려 보겠다고도 생각했지만 바로 공장 일을 해 포기했다.

첫 번째는 염산과 황동을 다루는 목걸이 공장이었고, 두 번째 공장은 봉산으로 땜질하는 위험한 일이었지만 사장의 야반도주로 월급을 떼었다. 그 이후 여러 공장을 전전하다가 다섯 번째로 일한 글러브 공장에서 작업 중 프레스기에 왼쪽 팔이 끼어들어가는 산업재해를 당해 장애 6급 판정을 받았다.

하지만 스스로 아무 문제없다고 생각해 치료받지 않았다. 그때는 산업재해나 그런 개념을 이해하지 못해 그 정도로 아파하면 뭐라 핀잔 들을까 봐 그랬다.

그 결과 신체검사에서 제2국민역(5급) 판정을 받아 병역이 면제됐다. 그때 군의관이 엑스레이를 보며 "이 새끼 이거 개판이네"라고 중얼거렸다. 이 얘기는 이재명이 군의관의 조롱에 상처받아 두고두고 언급하는 말이다.

이 사실은 이재명이 장애를 숨기고 싶은 이유 때문인지 잘 알려지지 않았다. 그런데 스티브 유가 주제넘게 병역문제로 시비 걸자 직접 꺾인 왼팔을 보여주며 인증했다. 참고로 현재는 왼쪽 손목에 뼈가 없어 근육으로 버티는 중이다.

"귀가 참 잘 생겼네"

모 인터뷰 영상에서 그가 왼팔을 들어 이리저리 흔드는 장면이 나오는데 하박(下膊)이 잘 돌아가지 않는다. 그는 솔직히 장애를 숨기고 싶었다. 아닌 게 아니라 이런 사실을 크게 알리고 싶지 않았지만 이제는 자산으로 받아들인다.

다만 아직도 전신 차렷 자세 사진은 찍기 싫어하고, 힘이 달려도 왼손으로 마이크를 잡는 버릇이 남아 있다. 똑바로 전신사진을 찍으면 왼쪽 팔의 굽은 모습이 싫은 것이다.

실제로 문재인 대통령과 찍을 때도 차렷 자세로 서는 것이 부담스러워 양해를 구하려고 했지만 타이밍을 놓쳤다. 지금도 마이크를 왼손으로 드는 버릇은 그 때문이다. 이는 대학생 시절부터 생긴 습관이다.

그는 당시 자신을 개 패듯 때렸던 공장 관리자가 고졸인 것을 알고, '나도 고졸이 되면 관리자가 될 수 있겠다'는 생각에 공부를 시작했다. 이때 래커 실에서 일한 이유는 도금 공정의 마지막 단계로 먼지 하나 없는 밀폐 구역에서 작업한 탓이다.

근무시간에도 허락 없이 열리지 않는 이중문 안쪽에서 혼자 작업했다. 그래서 할당된 작업량을 서둘러 끝낸 후 귀퉁이에 숨어 몰래 책을 봤다. 하지만 완전히 밀폐된 열악한 환경으로 벤젠과 아세톤 냄새를 너무 맡아 후각을 상실하고 코마저 비뚤어졌다.

이 코는 시장 당선 이후 경제 사정이 넉넉해지면서 고쳤다. 하지만 이미 후각세포가 55% 이상 괴사해 외형은 회복했지만 후각은 되돌리지 못했다.

『동상이몽, 너는 내 운명』에서 본 것처럼 이재명이 외식을 잘 안 하는 이유도 후각 상실로 어차피 맛을 느끼지 못하기 때문이다. 그가 매운 음식을 좋아하는 것은 매운맛이 통각으로 맛을 느끼지 않아도 느껴지는 탓이다.

또한, 세 번째 공장에서는 고무 조각이 손가락에 박혀 파편이 아직도 남아 있다. 정확히는 잘린 손가락 안에 갈린 고무가 섞여 들어가 아문 것이다.

특히 네 번째 공장에서는 날카로운 함석에 찔려 흉

터가 많다. 더불어 폭력을 휘두르던 작업반장에게 맞아 난청과 부분적 청각 장애도 있다.

이재명이 사법시험 합격했을 때 그 작업반장은 그 사실을 알았는지, 지금은 어떻게 되었는지 궁금하다. 이제 국내 최상위 권력자가 되었으니 똥줄이 탈지도 모를 일이다.

그러나 그는 그렇게 속이 좁고 옹졸한 사람이 아니다. 오히려 그는 남보다 힘든 인생 역정을 겪었기에 용서하는 방법을 알지 않을까.

이재명의 이런 삶은 그야말로 '인간극장' 급이다. 실제로 대선주자, 아니 거의 모든 현역 정치인 중에 가장 인생 역정이 심하다.

「썰전」에서 자신도 언급했지만 대선주자로 불리는 것마저도 큰 행운이라고 했다. 그러나 훗날 이것이 그를 대통령으로 만들 것으로 확신한다.

원래는 가족들이 그의 학업을 대놓고는 아니어도 은연중 반대했지만 어차피 자기 돈으로 고학하는 것이라 면전에서 막지는 않았다.

이재명은 우울증과 장애로 너무 힘든 나머지 17살 때 자살을 여러 차례 시도했다. 첫 시도 때는 연탄불이 알아서 꺼졌고, 두 번째는 둘째 형이 구해 줬다. 우울증에 시달리던 마지막 시도 때는 다량의 수면제를 구하러

갔는데 눈치챈 의사가 소화제를 대신 줘 죽지 못했다.

기실 불면증 확증이 없는 사람이 다량의 수면제를 구하면 당연히 수상하게 생각했을 터이다. 당시에는 수면제를 다량 구매하는 것이 법적으로 허가되었지만 의사 개인의 판단으로 소화제로 바꾼 것일 가능성이 높다.

이 무렵 이재명의 어머니는 낮에 일하고 밤에 막걸리 장사를 했다. 그때 손님 중 한 명이 안주를 나눠 주며 "귀가 참 잘 생겼네. 복귀라서 뭘 해도 잘될 놈"이라고 칭찬했다. 어린 이재명은 때마침 중학교 검정고시를 통과하여 그때부터 우울증이 사라지고 자신감이 붙기 시작했다.

그는 고등학교 검정고시를 통과하고 대학입학 학력고사를 본 후 1982년 중앙대학교 법과대학에 입학했다. 그가 밝힌 법대 진학 이유는 순전히 장학금과 생활비 지원 때문이었다. 당시 공장 월급이 8만원 정도인 반면 등록금 면제는 물론 생활비로 매월 20만원을 지원받는 조건이었다.

이재명은 중앙대학교에 입학하던 날 어머니가 사주신 교복을 입고 입학식에 갔다. 어머니도, 그 외 가족들도 대학 근처에 가본 적이 없어 교복을 입는 줄 알았던 것이다. 사실 이재명은 중고등학교를 못 다녀 교복을 못 입어 봤기 때문에 오히려 좋았다고 밝혔다.

실제로 그런 목적으로 어머니가 교복을 사주실 때도

가만히 있었다고 했다. 물론 대학교에 들어갔을 때 교복을 입은 사람은 그뿐이었다. 그는 대학 시절 교련복에 코트 한 벌, 고무신 한 켤레로 4년을 보냈다.

이재명은 공장에서 일하던 셋째 형 이재선에게 지원받은 생활비를 쪼개 주겠다고 설득해 대입 시험을 치르게 했다. 이후 이재선은 서울대학교에 갈 만한 성적이었지만, 이재명이 서울대 진학을 극구 반대하면서 4년 생활보조금을 받는 건국대학교로 진학해 공인회계사가 됐다.

당시 이재선은 가난한 탓에 공장일 하는 것을 두고두고 후회한다는 말을 했다. 이재명도 이때 심하게 다퉜던 것에 미안한 감정을 가지고 있었다. 이 내용은 2006년에 쓴 이야기이므로 아직 형제관계가 벌어지기 전의 일이다.

대학교에 다니며 5·18 민주화운동의 진실을 알고, 원래 약자에 동병상련이 있어 세상이 자신만 잘 살아야 되는 것이 아님을 이때부터 깨달았다.

인권변호사, 성남시장 되다

이재명은 선배들에게 사법시험에 관해 들었고, 특히 장애인이라 취업이 힘들어 고시공부만이 살 길이라는 생각으로 사법시험에 도전한다.

1986년 사법시험에 붙기 직전 청소부였던 아버지가 위암으로 입원해 문병을 가자 친구들에게 "내가 그놈을 거기에 보냈어"라고 자랑했다.

아들이 공부한다고 밀어주기는커녕 이 모든 가난의 원인이었던 아버지였지만 환자이기에 굳이 반박하지 않았다.

급히 병세가 나빠져 혼수상태에 빠진 아버지의 귀에 합격했다고 말씀드렸지만 이미 의식이 없었고, 며칠 후 부친 이경희는 사망했다.

이재명은 사법연수원에서 문병호 전 국민의당 의원, 정성호 더불어민주당 의원과 '우리가 이 사회에서 모종의 역할을 하자'고 결의했다.

어렵사리 사법고시에 합격한 후 군사정권에게 임명장을 받을 수 없다며 판검사 임관을 거부하고 1989년부터 성남에서 인권변호사로 일했다.

1986년 사법시험에 합격한 후 2년간 다닌 사법연수원 시절은 크나큰 변화의 물결이 그의 삶을 바꾼 시기이다. 민주화 물결은 세상을 돌고 돌아 사법연수생들에게도 몰려왔다. 사법연수원 사상 처음 '노동법학회'를 만들고, 무변촌 법률봉사활동을 기획하며, 사법개혁을 요구하는 성명서를 써 서명받아 발표했다.

어렵게 얻은 '고시합격생'의 지위를 잃는 무모한 짓이었지만 더 이상 시대의 아픔을 외면할 수 없는 소명을 느낀 탓이다. 우수한 성적으로 모든 사람이 선망하는 판검사를 골라 임관할 수 있었지만 과감하게 버리고 가난한 인권변호사의 길을 선택했다. 군사독재정권의 하수인이 될 수는 없었던 것이다.

1년, 아니 한두 달만 판검사 노릇해도 '판검사출신 변호사'로 손쉬운 길을 갈 수 있었지만 단 한순간이라도 기득권 집단이 될 수는 없었다. 노동인권변호사로서 소외된 사회적 약자들과 함께 뛰며 그들의 인권과 사회적 정의를 위해 길거리 변호사가 되었다.

노동자들에게 가장 쓸모 있는 도구가 되는 것이야말로 '꼬마노동자'로 뼈아픈 시절을 보낸 그가 할 수 있는 최선의 길이었다.

하지만 모친에게는 성적이 안 나와서 변호사를 하는 것으로 둘러댔다. 물론 고생한 어머니를 위해서라면 판검사가 마땅했으나 그는 먼 미래를 본 것이다. 사실 그가 남들처럼 평범하게 중고등학교를 다녔더라면 당연히 판검사의 길을 걸었을 터이다. 물론 틀에 얽매인 학교 생활에 싫증을 느껴 삐딱해질 수도 있었겠지만…. 그것도 모두 하늘의 뜻이었으리라.

한편 시민운동가로 활동한 계기는 대학 생활 중 광주

민주화운동의 실체를 알고, 자신의 힘들었던 시절을 되돌아볼 때 사회모순으로 억울한 사람이 많다는 것을 깨달았기 때문이다.

법률사무소를 연 초반에는 상당히 어린 나이로 상담 오는 사람마다 너무 젊어서 믿지 못하고 나간 데다 개업한 지 얼마 안 돼 돈을 벌지 못했다. 변호사 초장기에 노동운동과 인권 관련변호 활동을 위주로 하였다. 이 당시가 바로 인권변호사 시절이다.

이재명은 문민정부 집권 이후 고문이나 시위 강제진압들이 사라지면서 1995년부터 시민운동가가 된다. 드디어 2002년 분당아파트 특혜 분양 사건 당시 본격적으로 이에 대한 이의와 문제 제기를 했다. 당시 관련 인물들은 20억 상당의 지역신문사를 보장해줄 테니 문제 제기를 자제하라고 회유하기도 했다.

그 당시 그는 "양심 값은 5천억원"이라고 농담까지 했다. 그러자 이를 진지하게 받아들인 이들이 이재명과 모종의 거래에 실패했다며 "몸값을 높여 당황했다"고 술회했다.

이는 시민단체를 전국에 500개 지부를 세우고 1억원씩 지원해 주면 된다는 농(弄)이지만 나름대로 의미 있는 가격이었다.

이재명은 시민운동을 하면서 새벽마다 전화로 "아이들

을 죽이겠다"는 위협을 받았다. 그래서 이 때 총기 소지 허가를 받고 6연발 가스총을 뒷주머니에 넣고 다녔다.

이처럼 협박에도 회유되지 않자 그에게 패륜아, 악덕 변호사 등의 이미지를 붙여 공격했지만 시간이 지나며 떨어져 나갔다.

마침내 2004년 본격적으로 유명해진 사건이 터졌다. 그 당시 성남시민들이 공공 의료원을 설립하기 위해 국내 최초로 2만명이 주민 발의 조례를 상정했다. 주민이 장장 1년을 준비한 해당 조례를 시의회에 넘기자 47초 만에 날치기로 심의 자체가 거부됐다.

그때 이재명은 주민 대표 중 한 명으로 성남시민들과 의회에서 항의하는 과정에서 회의 속개를 진행하고, 도망간 의원들을 붙잡으러 다니다 30여명이 연행되며 특수공무집행방해 및 공용물건손상죄를 선고받았다. 당시 대표 주민이었던 임모씨에겐 구속영장을 발부했으나 기각됐다.

그 당시 이재명 변호사가 흘린 눈물은 지금도 회자된다. 부결까지는 예상했지만 심의 자체가 거부당하자 울분과 허망감으로 눈물을 흘렸던 것이다. 이후 교회 지하실에서 지인과 도시락을 먹으며 또 울다가 '시장이 되어 시립의료원을 만들자'고 마음을 먹었다. 원래는 정치를 하면 패가망신한다는 생각에 애초부터 뛰어들지 않으려고 했었지만….

사실 이재명은 생각보다 자주 눈물을 흘린다. 이 때문에 인간스럽다는 평과 함께 외강내유(外强內柔)라는 말을 듣기도 한다.

독자적인 행보를 보이다

이재명은 성남시에서 변호사로 활동하다 2006년 지방선거 때 열린우리당에 입당해 단수 공천으로 성남시장에 출마한다. 하지만 전직 시장인 한나라당 이대엽 후보에 밀려 낙선한다.

그 후 2008년 제18대 국회의원 선거에 통합민주당 후보로 경기도 성남시 분당구 갑 선거구에 출마했으나 현역 지역구 국회의원인 한나라당 고흥길 후보에 밀려 낙선한다.

그러다 2010년 6·2 지방선거에서 민주당 소속으로 경기도 성남시장 선거에 출마해 51.2%의 득표율로 당선됐다.

2014년 6·4 지방선거에서도 55.1%의 득표율로 재선에 성공했다. 심지어 부자동네인 서울 강남권에 비견되는 보수 강세지역인 분당구에서도 승리하는 저력을 보여줬다.

이재명은 계파와 상관없이 독자적인 행보로 성남시

의 시민들과 SNS 등을 이용해 활발하게 소통하고 정치적인 쟁점들에 대한 의견을 적극적으로 말해 왔다.

2010년대 중반 들어 문재인과도 자주 만나는 등 정치적인 행보를 넓혀 왔다. 문재인은 이재명이 2016년 10월 검찰에 고발되었을 때 자신의 SNS를 통해 직접 응원하기도 했다.

그는 SNS를 통해 "비록 노무현 대통령과 친분이 있지는 않았지만 반칙과 특권 없는 세상, 다함께 행복한 세상 같은 노 전 대통령의 정신을 존중하는 것을 보면 자신은 친노 인사가 맞다"고 밝히기도 했다.

그리고 자신은 노무현을 뛰어넘는 가치를 추구하므로 '제2의 노무현이 아닌 이재명'이라고 말했다. 하지만 열린우리당에 입당했었다는 것 외에는 노무현 대통령과의 특별한 인연이나 접점이 없고, 성남시장을 거치며 대선후보로 떠오른 배경에서도 딱히 지원을 받거나 한 것이 없어 친노 인사로 분류하지 않는다.

노무현을 존경한다는 것은 선배 인권변호사이자 민주당이 배출한 전직 대통령에 대한 존경의 의미로 해석할 수 있다.

정치적으로 노무현 대통령과 그 계통의 인물 집단을 가리키는 친노로 볼 수 있는 인물은 아니다.

다만 이재명이 노무현의 강연을 듣고 그 길로 사실상

현재까지 완성됐다고 자평하는 만큼 지지자들은 넓은 의미에서 관련성이 있다고 말한다.

이재명의 노무현 대통령에 대한 발언 중에는 지금도 자주 인용되는 말이 있다.

"내가 노무현 대통령을 보면서 타산지석으로 배운 것이 있다. 노무현 대통령은 너무나 착해 상대방도 나처럼 인간이겠거니 하며 믿고 말았다. 하지만 저것들은 인간이 아니다."

"지금의 한국 사회의 혼란은 어설픈 관용과 용서가 부른 참극이다."

호화 시청사를 누르다

이재명은 2010년 전임자였던 이대엽 시장이 3222억 원의 호화 시청사를 짓는 논란 등으로 성남시의 반한나라당 정서가 강할 때 기존 시정 방침을 강력히 비판하며 51.2%의 득표율로 성남시장에 당선됐다.

시장이 된 직후 화제가 된 모라토리엄을 선언하고 시 재정 건전화에 착수했으며, 한편으로 공무원들의 매관매직 인사 관행을 개선했다.

그 이후 2014년 6 · 4 지방선거에서 성남시장 재선에 도전해 첫 당선 때보다 득표율이 3.9%p 더 오른 55.1%로 압승했다. 특히 진보 성향의 정치인인데도 새

누리당 강세 지역인 분당구에서 득표율이 올라 첫 선거
때보다 무려 3.9%p나 증가했다.

　이재명 시장은 고층에 위치한 펜트하우스 시장실을
저층, 즉 2층부의 앞쪽으로 옮겨가고 부정부패를 막겠
다며 시장실에 CCTV를 설치했다. 그리고 시민들, 특히
어린이들의 방문을 받는 등 개방적인 행보를 보였다.
또한 시립 의료원 건설, 노후 주택 리모델링 지원, 무상
공공산후조리원 건설 추진 등 친서민 정책을 적극 시행
했다.

　부패 세력에 대한 강경 발언 때문이 아니라 이러한
경력 덕분에 문재인 전 당대표, 박원순 서울시장, 안희
정 충남도지사와 함께 더불어민주당의 차기 대권주자
로 언급될 만큼 그 지지도가 상승했다.

　이재명은 시장거래가격보다 비싼 '표준품셈'이라는
방식으로 건설 공사비를 산정하라는 중앙정부 지침에
반대했다. 시장기준가격(표준시장단가)으로 자체 발주한
성남시 서현도서관 건립공사에 369개 업체가 입찰했는
데, 이 바람에 건립공사비가 207억원으로 표준품셈을
적용한 218억원보다 약 11억원을 절감했다. 조달청은
성남시의 공사비가 너무 낮다며 네 차례나 보완을 요구
하는 등 표준품셈 산정을 강요했다.

　그러나 성남시는 정부의 비싼 공사비 산정을 거부하

고 서현도서관 건립공사를 자체 발주해 개찰했다. 또한 2016년 4월 말부터 전국 최초로 10억원 이상 공공발주 건설 사업에 대한 세부내역 정보를 홈페이지에 공개했다. 설계내역서, 도급내역서, 하도급내역서, 원하도급 대비표, 설계변경 내역 등의 정보를 공개해 고질적인 공공공사비 부풀리기 관행을 뿌리 뽑겠다는 의지였다.

마침내 이재명은 성남시장 퇴임 6일 전 기사에서 공약 이행률 94.1%를 기록했다.

복지 정책에 올인하다

이재명 시장은 '청년배당 · 무상 산후조리 · 무상교복 지원'의 3대 무상복지 사업을 진행했다. 2016년 성남시에 3년 이상 거주한 만 24세의 청년 1만1300여 명에게 분기별로 50만원씩 113억원의 예산을 사용했다.

이 밖에 중학교 신입생 8900명에게 교복비를 지급하고, 성남시 신생아 9천여 명에게 무상 산후조리 지원사업도 실시했다. 무상교복 사업은 이웃 용인시에서도 벤치마킹해 갔다. 정찬민 용인시장은 자유한국당인데도 이재명 시장과 관계가 원만하다.

이 시장은 복지정책 확대에 따른 자금 출처에 대한

물음에 "쓸데없는 토목공사, 부정부패, 새는 세금을 통제하니까 예산이 정말 많아지더라. 성남시에 돈이 없는 게 아니라 도둑놈이 너무 많았다"고 화답했다.

이런 복지정책과 성남시 부채탕감을 위해 개발예산을 축소한 결과 약 2700억 원의 가용 예산이 마련됐다(이를 주민세 인상으로 음해했지만 이는 거짓이다(2016년 기준 4000원 유지).

이는 2100억 원의 서울과 1500억 원의 용인을 웃도는 수준으로 지자체 중 가장 많은 수치이다. 가용 예산이 많으면 주민들의 요구에 맞는 정책을 집행하고 불안정한 복지도 실행할 수 있어 개발보다 복지정책을 중시하는 성남과 서울이 가용예산을 높은 수준으로 확보하려는 이유이다.

그런데 박근혜 대통령이 2016년 4월 국가재정전략회의에서 이런 가용예산을 근거로 "성남시 등의 부자 지자체의 포퓰리즘을 줄여야 한다"며 법인지방소득세의 50%를 도세로 전환하는 방안을 내놓았다. 그러자 이재명 시장은 페이스북을 통해 즉각 반발했다.

실제로 지자체 지방세에 중앙정부의 교부세까지 포함된 1인당 예산을 보면 성남시는 경기도에서 중간 정도로 결코 높지 않다(과천시와 동두천시의 1인당 예산은 성남시의 2배에 육박).

성남사랑상품권 지급

이재명 시장은 2016년 1월 특정 나이의 청년들에게 청년 배당이라는 이름으로 '성남사랑상품권'을 지급했다. 이는 실시 이전부터 반대 여론이 강했던 데다 이를 상품권 '현금깡'으로 되파는 일이 생겨 논란이 일었다.

청년들의 사기 증진과 전통시장, 소매점 매출 신장 등의 지역경제 활성화를 위한 정책이었지만 현금화 이후 다른 식으로 소비할 가능성이 높아 문제가 된다는 얘기이다.

'성남사랑상품권'은 청년 배당과 무관하게 이전부터 시행된 것인데 부각되면서 새삼 부작용이 주목받았다. 하지만 복지정책은 대상을 확장할수록 부작용이 늘어날 수밖에 없다. 이런 만큼 미리 유기명 카드화 등의 개선 정책을 시행했더라면 문제를 줄일 수 있었다.

또한 청년배당이 '소득'으로 책정되어 기초생활보장 청년들이 상품권을 받으면 생계금을 받지 못할 수 있다. 또한 청년배당의 경우 제세공과금 20%와 지방세 2%를 물려야 한다는 주장도 제기됐다. 청년배당의 의미가 제대로 효과를 보려면 현금화 가능성 등 부작용도 해결해야 한다. 그래서 종이형에서 카드형과 모바일형을 추가로 사용 중이다.

2016년 1월 27일 성남 지역 26개 상인회는 "청년들의 활로 모색이라는 정책의 본래 취지는 물론 지역경제 활성화에도 이바지할 수 있는 일거양득의 정책"이라며 이 시장의 '성남사랑상품권' 정책을 환영한다는 입장을 표명했다.

'성남사랑 상품권'은 기존의 지자체 발행 상품권과 달리 성남 시내 거의 모든 상점(대형마트, 유흥업소 제외)에서 사용한다. 치킨집이나 약국, 문방구 등도 가맹점으로 등록되고 택시비로도 낼 수 있다.

지방재정 개혁은 도토리 키 재기

2016년 5월 들어 정부의 지방재정개혁 추진을 둘러싸고 정부와 수원·화성·용인·과천·고양·성남 등 6개 지방자치단체 간에 본격적인 갈등이 빚어졌다. 그 중 이재명 시장이 그 동안 정부와 가장 각을 많이 세워 언론에 유명세를 탔다.

먼저 문제가 된 지방재정 개편안에 관한 찬성·반대 입장을 살펴보면 다음과 같다.

정부의 지방재정 개편안에 따르면, 경기도에서 재정 자립도가 높은 수원·화성·용인·과천·고양·성남 6개 지자체의 지방세를 가져다가 재정자립도가 낮은 도내 25개 지자체에 조정교부금으로 나눠준다. 즉, 얼핏 보면 부자 지자체의 지방세를 가난한 지자체에 나눠

주자는 것으로 이 개편안이 실행되면 이익을 볼 농어촌 지자체에서는 대체적으로 환영했다.

하지만 최고 80%의 지방세를 뺏겨야 할 6개 지자체는 "정부의 지방재정 개편안에 나오는 재정자립도 top6이 통계 착시현상으로 인한 도토리 키 재기"라며 "각 지자체의 면적이나 특수성을 고려하지 않고 단순히 재정자립도만 기준으로 놓고 따졌다"고 반발했다.

이에 대해 정부의 지방재정 개편안으로 크게 타격받을 성남시도 나머지 5개 지자체와 함께 반대하고 이재명 시장도 적극적으로·반대했다.

이 시장은 지방재정 개편안 관련 라디오 인터뷰에서 다음과 같이 주장했다.

첫째, 지방자치제도가 제대로 실행되려면 재정독립이 핵심인데 그런 재정 문제에 정부가 개입함으로써 지방자치제도의 본질이 훼손되고 있다.

둘째, 대다수 지자체의 재정자립도가 낮은 것은 따지고 보면 정부 책임이다. 왜냐하면 전체 행정사무 중 40%를 지자체가 처리하고 있는데 정부가 지방세는 20%밖에 인정해 주지 않으니 다들 재정자립도가 형편없을 수밖에 없다.

셋째, 정부가 재정자립도 높은 소수의 지자체에게서 지방세를 잔뜩 거둬다 나머지 가난한 지자체에 나눠줘

봤자 별 도움이 안 된다. 왜냐하면 가난한 지자체가 너무 많아 쪼개 나누어주다 보면 한 지자체당 돌아가는 조정교부금이 얼마 안 되기 때문이다. 즉 가난한 지자체는 조정교부금을 받아도 앞으로 계속 재정자립도가 낮을 것이고, 그나마 사정이 나았던 지자체는 지방세를 뺏겨 재정자립도가 낮아질 테니 하향평준화가 되어 모두에게 좋지 않다는 얘기이다.

성남시는 '지방재정 개편안 반대' 플래카드를 성남시청 등 여러 곳에 걸어놓았고, 성남시 운행 버스도 반박 공고문을 붙이고 운행했다. 결국 이재명 시장은 2016년 6월 7일부터 단식투쟁에 들어갔다.

정부합동감사를 시행 중이던 행정자치부가 이 와중에 6월 14일 성남시에 한 요구로 논란이 더 커졌다. 2014년 1월부터 2016년 6월 중 특정된 90일간 이재명 시장의 일정을 제출하라고 요구했다. 이런 요구는 이재명 시장이 단식하며 정부와 맞서는 상황에 보복성 감사로 보일 수밖에 없었다. 하지만 그 요구에 정식 공문 형식이 아닌 한 장 쭉 찢은 스프링노트 메모를 팩스로 보내 더욱 시끄러워졌다.

이에 대해 행정자치부는 다른 23개 시군에도 비슷한 요구를 했다며 성남시장만 노린 표적감사가 아니라고 해명했다. 또한 해당 메모는 경기도 감사관실에게 공문 작성을 위한 참고용 메모로 주면서 "여기 적힌 날짜의 이재명 시장 일정을 제출하라고 하시오"라고 한 것 뿐인데, 경기도 감사관실이 그 메모를 그대로 성남시에 팩스로 보내 자신들도 황당하다는 반응이다.

한편, 이재명 시장은 이런 행정자치부의 요구에 "그동안 문제가 된 박근혜 대통령의 세월호 사건 당일 7시간 동안의 행적을 밝힌다면 나도 90일 동안의 행정을 밝히겠다"고 맞받아쳤다.

2016년 6월 17일 김종인 비상대책위원장이 "더불어민주당 차원에서 문제를 해결하겠으니 단식을 중단해 달라"고 요청해 이 시장은 11일 만에 단식을 중단했다. 그는 그 이후 「썰전」에 나와 "단식은 시작하긴 쉽지만 중단하기가 어렵다. 명분 있는 출구전략이 중요한데, 김종인 대표가 그 명분을 잘해 주셨다."며 뉘앙스를 내비쳤다.

이미 이재명 시장은 2016년부터 박근혜 대통령의 탄핵을 시작했던 셈이다. 아니 보다 더 정확하게 말하면 이 시장은 일찌감치 박근혜 대통령과 단식으로 싸우면서 역사적인 탄핵의 종말을 미리 예감한 것이다. 그래서 이재명은 남들과 다른 촉이 분명히 존재하는 신기(神機)와 끼가 있는 인물이다.

성남시 모라토리엄이 옳았다

성남시는 2010년 모라토리엄 선언과 함께 긴축 재정을 펼쳐 지방채 발행, 회계 내 재산 매각 등 노력으로 마침내 2013년 모라토리엄 종결을 선언했다. 하지만 이에 대한 논란은 있다. 그 하나는 판교신도시 전입금으로 충당됐다는 것과 모라토리엄 선언의 정당성에 대한 비판이다.

이는 전임 시장이 전용한 판교특별회계비용이 분명 성남시가 다시 채워야 할 돈이지만 급박한 채무가 아닌 장기적인 투자 차원의 적립금 성격으로, LH 등 어떤 채권자도 빚을 독촉한 곳이 없어 굳이 모라토리엄 선언을 하지 않아도 됐다는 의견이다.

그러나 2010년 1000억 원, 2011과 2012년에 2000억 원을 갚았을 만큼 재정 여건이 풍족했던 성남시가 굳이 그랬던 이유는, 판교신도시 특별회계에서 5200억원의 돈을 끌어다 신청사 건립 등 일반회계에 남용했던 이대엽 전임 시장의 자금유용과 시재정 악화에 대한 책임을 분명히 지우기 위한 정치적 경고였다는 의견도 있다.

감사원은 지방행정 감사백서에서 성남시의 5200억 원 지불유예 선언에 대해 "해당 사건은(전임 이대엽 시장이) 특별회계 자금을 일반회계로 부당하게 전용 집행한 사례다"며 "성남시 재정운용에 커다란 부담을 가져왔다."고 명시했다.

감사원 자료에 따르면, 성남시는 당시 판교택지개발사업특별회계(판교특별회계)를 설치하고 이를 운영했다. 지방재정법에 따르면 지방자치단체의 세출은 세입의 범위 안에서 충당 운영하고, 특정사업을 위한 세입·세출이 필요할 경우 일반회계와 구분해 특별회계를 설치할 수 있다.

즉, 판교특별회계는 판교개발에만 사용해야 된다. 판교특별회계의 돈을 판교개발이 아닌 다른 데 쓴다거나 다른 데 돈을 부족하다고 특별회계에 채우면 위법이다.

그런데 성남시는 일반회계의 재원이 부족해 2007년 판교특별회계에서 1000억여 원을 전입해 판교택지개발사업과 무관한 공원로 확장공사 용지보상비 등 2007~09년 3000억여 원을 일반회계로 집행했다. 또한 이 3000억 원 중 2009년 12월까지 약정된 2000억 원을 상환하지 못해 특별회계 예비비에서 2400억 원을 추가로 전출했다.

이런 상황에서 2010년 판교특별회계가 국토해양부에 정산할 돈이 5200억이었지만 가용 재원은 681억 원에 불과했다. 이때 성남시 일반회계에서는 그동안 전용한 돈을 갚지 못했으며, 회계법상 다른 예산을 대신 메우면 전용으로 불가능한 상황이었다.

결국 성남시는 국토해양부에 그 돈을 갚지 못하고 지불유예를 선언했다. 그 이후 판교특별회계 전출금을 지방채 발행으로 상환하는 과정에서 18개 사업을 중단하고 취소해 이미 투자한 810억 원의 손해를 보았다.

더불어 감사원은 "판교특별회계에서 부당하게 자금을 전입해 특별회계의 고유목적사업 수행의 차질과 예산낭비 등을 초래한 관련자들은 징계 처분하고, 일반회계로 전입시킨 판교특별회계 자금을 판교특별회계로 조속히 상환하는 방안을 마련해 앞으로 예산편성 업무를 철저히 하도록 주의 촉구했다."고 기술했는데, 이 내용은 감사원 홈페이지에 남아 있다.

감사원은 해당 지불유예사건과 관련해 2011년 12월 당시 성남시 부시장이었던 송모 씨를 징계대상자로 판단하고 이에 대한 조사를 성남시에 통보했다. 그러나 당시 감사관 2명은 감사원의 지시를 무시하고 해당 부시장을 명예퇴직과 특별승진에다 수당 7500여만 원을 받게 했다. 이에 감사원은 부시장의 특별승진과 특진을 취소하고, 해당 감사관 두 명에 대한 중징계를 요구했다.

결국 성남시는 송 부시장의 특별승진을 취소하고 명퇴수당을 환수 조치했다. 당시 감사원의 지시를 묵살하고 비위 공무원의 명퇴를 도운 감사관은 허위공문서 작성, 행사와 업무상 배임 혐의로 벌금 200만 원에 약식기소됐다.

이후 성남시는 2014년 1월 모라토리엄 선언 3년 6개월만에 부채를 모두 상환하고 모라토리엄 종료를 선언했다.

성남시는 2015년 11월 스페인 바르셀로나에서 열린 「제5회 스마트시티 엑스포 세계대회(Smart City Expo World Congress)」에 초청돼 모라토리엄(지불유예) 극복과 재정혁신사례, 성남형 3대 무상 시리즈로 불리는 청년배당 · 무상교복 · 공공산후조리원 등 공공성 강화정책, 트위터 · 페이스북 등 SNS(Social Network Service)를 활용한 광속행정, 도심상권재생모델인 타운매니지먼트시스템(Town Management System) 등의 재정혁신과 이를 통한 복지사업 확대 사례를 발표했다.

네덜란드 하를레메르메이르시의 후스트 반 파센 전략특별기획관은 성남시의 발표회를 듣고 "현재 도시 내 원시가지에 신공항을 건설할 예정인데, 성남시의 재정 혁신을 통한 도시 선진화 사례가 도움이 될 것이다"며 "굉장히 스마트한 성남의 사례를 배우기 위해 추후 시의회와 논의해 반드시 성남을 찾겠다."고 말했다.

제19대 대통령 선거에 뛰어들다

이재명은 문재인이 대통령에 당선되자 같은 경선주자였던 안희정, 최성과 추미애 당대표, 박원순 서울시장, 김부겸 의원과 함께 광화문 축하 행사에 참석했다.

광화문 현장에서 이재명이 마이크를 잡자 시민들은 연신 이재명을 연호했고, 그는 "당선인은 이재명이 아니라 문재인"이라며 조크를 던졌다. 이후 끝날 듯 끝나지 않는 연설을 마친 후 "역사가 기록할 새로운 나라, 함께 만들어갑시다!"라며 "자신도 문재인 정부를 도울 것"이라고 밝혔다.

이어 그는 안희정, 유시민과 노무현 대통령 제8주기 추모식에 참가했다. 물론 일각에서는 이재명이 정세균, 박원순 같은 범 친노보다 더 노무현과 관련이 없지 않느냐는 말도 있다. 그러나 이재명 시장은 본디 검사가 될 수 있었지만 노무현 대통령의 강연을 들은 후 변호사로 이직했고, 성향도 실제로 비슷한 데다 '전투형 노무현'이라는 별명도 있어 큰 무리가 없었다. 또한 해당 행사에서도 좋은 반응을 얻었다.

이때 이재명은 "노무현 전 대통령은 안 지사처럼 가까이 하지 못해 가까이 하기엔 너무 먼 그대였다"며 "문재인 정부는 기대하고 있으며, 앞으로도 지지율이 오르고 지금 같은 추진력이 있어주길 바란다.”고 말했다.

이는 날을 세운 이재명이 누그러뜨렸다는 말도 있다. 그러나 이는 잘 모르는 말이다. 이재명은 문재인, 안희정을 적으로 규정한 적이 없다. 단지 경선 과정에서 서로간의 마찰과 네거티브였을 뿐 같은 당의 문재인 대통령을 비난할 이유가 하등 없다.

그는 실제로 “경선 중에 ‘아 좀 살살할 걸’하고 후회한 적도 있다”고 고백했다. 이재명은 “자신은 사실상 대권 주자로 신인이라 찔러야 관심을 얻기 때문이었다”며 “자기가 경선 때 막하지만 않았으면 욕을 덜 먹었을 것”이라고 자아비판을 했다.

김어준이 “알면서 왜 그랬어요?”라며 묻자 이재명은 “한번 이겨볼라고 그랬다니까!!”라고 농담했다. 사실 그 정도는 농담인데 그것을 진짜로 받아들였다면 참으로 아이러니한 딜레마일 성싶다.

아닌 게 아니라, 경선 과정에서 상대방들을 과격하게 공격한 전력으로 민주당의 주지지층들의 이재명 시장에 대한 호감도가 꽤 줄어든 것은 사실이다.

하지만 경선이 끝난 후 이재명 시장의 아들이 안희정 지사의 아들과 함께 문재인 후보의 선거운동에 나서기도 했다. 또한 자신이 시장을 그만두고 문재인 후보의

232

선거 운동을 돕는 가부 투표와 제윤경·이종걸 등 범이 재명계 의원들이 문재인 후보를 적극적으로 도왔다.

결국 대선은 민주당의 승리로 끝났으며, 대선 개표 시간 때 다른 경선후보들과 같이 광화문 현장에 나와 문재인 대통령의 승리에 진심으로 축하하는 모습을 보여주는 등 경선과정에서의 논란도 점차 사라졌다.

게다가 이재명 시장은 홍준표나 이언주 등 문재인 정부의 정책에 비판을 가하는 야당 인사들을 돌려 까는 스탠스를 보여줌으로써 민주당 지지자들이 "이재명 시장이 이전의 사이다스러운 모습으로 돌아와서 그야말로 든든한 아군의 역할을 해주고 있다"며 이재명 시장에 대한 호감도도 올라가는 추세다.

자신의 주도하에 지지자를 모아왔던 팬클럽인 손가락혁명군은 이재명 지지를 유지하는 재명투게더와 반문재인 성향을 유지하는 인원들로 분화되었으며, 이 중 반문재인 트롤러들이 다시 모인 손가락혁명군2를 이재명 시장 스스로가 "자기들끼리 만든 것"이라며 확실히 선을 긋는 모습을 보였다.

이재명은 현재 더불어민주당의 차기 대권주자 중 하나로 그의 강경한 정치 발언은 대중들에게 인기를 끌고 있다. 이에 따라 진보 네티즌들이 붙여준 별명은 '전투형 노무현'이다.

본인도 미디어(페이스북, 트위터)를 활용해 시정홍보, 소통에 상당히 신경을 쓴다. 그는 이런 지지에 힘입어 19대 대선 경선에 출마한 것이다. 이미 그는 복지정책, 재정안정에 기여했다는 이유로 성남시민의 많은 지지를 받고 있다. 물론 강경한 화법에 거부감을 드러내는 사람들도 많다. 그러나 그것은 하나만 알고 둘은 모르는 경우의 수이다.

보통 언론에서 이재명을 말할 때 '한국판 트럼프'라고 지칭하는 경우가 많다. 그러나 이재명은 "내가 말을 직설적으로 하지만 도널드 트럼프처럼 사회적인 막말은 안 한다"며 "나는 성공한 버니 샌더스처럼 되고 싶다."고 화답했다.

실제 정치 성향이나 수치를 자주 인용하는 화법 등은 버니 샌더스에 가깝지만 지나친 막말 등은 트럼프나 두테르테와 비슷하다. 그는 역대 미국 대통령 중 프랭클린 루즈벨트를 좋아하고 지향한다. 물론 전원책이 그를 두테르테라고 폄하했다. 실제 이재명이 밀고 있는 대권 정책의 이름도 '뉴딜 성장정책'이다.

2016년 박근혜-최순실 게이트가 부상하자 초반에는 "박근혜의 탄핵은 국회에서 의결될 가능성도 없는 데다 이게 헌재에서 가결됐다고 통과되겠는가. 실현 불가능한 탄핵 얘기만 하면 기분이나 좋겠는가? 나중에 되지도 않는 거 했다고 성질만 날 것"이라며 탄핵 가능성을 부정했으나 2주 만에 태세를 바꿔 하야를 주장했다.

결국 이것이 성공해 대외적으로는 최초로 하야를 언급한 더불어민주당 대권주자란 타이틀을 얻었다. 이로 인해 이전부터 성남시장이라는 인지도와 SNS를 통한 지지자들과의 소통이 하야 발언과 시너지 효과를 내 지지율이 급반등했다. 그 결과 안희정 충청남도 도지사, 박원순 서울시장, 안철수 의원을 젖히고 문재인에 이어 야권 대선후보 지지율 2위에 등극했다.

그래서 충성도 높은 민주당 지지층의 지지세가 이 시장에게 몰려 최대 20%까지도 지지율이 오를 수 있었다. 그러면 과거 노무현이 대선 과정에서 연출했던 극적인 지지율 반전 드라마를 쓸 수도 있다는 기대감도 생겼다.

실제로 노무현 전 대통령처럼 이재명 역시 호남에서 가파르게 지지율이 상승해 문재인이 4.8% 하락한 20.9%, 안철수가 3.8% 상승한 20.2%, 그 다음인 18%를 기록했다. 이는 무려 11.9%가 오른 것으로 호남에서 상승률 1위를 기록했다. 이에 따라 '2002년 노풍 데자뷔'라는 기사까지 나올 정도였다.

2016년 11월 30일 리서치뷰 조사에 의하면 이재명 시장은 반기문을 제치고 처음으로 2위에 등극했다. 이 여론조사에서 눈여겨볼 것은 호남 지지율은 문재인에게 밀렸지만 안철수는 확실히 밀어냈고, 특히 경북·대구에서 여론조사 1위를 함으로써 TK 출신 야당 정치인으로 TK 지역 확장성을 보여줬다는 점이다.

호남과 TK가 이재명 때문에 간접적으로 정치적인 동맹을 맺게 하는 재미난 광경이 연출되는 순간 안희정과 반기문 대망론이 나오는 충청도에서도 여론조사 1위였다. 다만 리서치뷰 조사에서는 충남도지사 안희정이 빠져 있고, 안희정 후보가 포함된 다른 여론조사에서도 보통 문재인 반기문 다음으로 2~3위를 오르내렸다.

이재명은 해외 언론에서도 이례적으로 상당히 관심 깊게 바라보는 대권주자 중 한 명이었다. 그의 두각에 대해 브렉시트와 샌더스의 선전, 트럼프의 미국 대선 승리 등과 같은 2016년 들어 두드러지는 서방세계 기존 정치권의 실패에 낙담한 유권자들의 심판론 경향이 한국에서도 나타난 것으로 해석했다.

또한 세계적인 포퓰리즘의 일환으로 보는 의견도 있었다. 그러나 트럼프와는 사실상 인생사와 성향이 정반대이며, 포퓰리스트라는 트럼프와 달리 그는 공약 이행률이 높아 트럼프와 다른 점이 많아 같다고 보기는 무리이다.

그러나 이는 대중들이 시원시원하고 강경한 발언을 하며 애매모호한 정치적 언어를 구사하지 않는 지도자를 좋아한다는 여론이 드러난 것일 수도 있다. 물론 일각에선 이재명 시장이 대선주자로 떠오르는 것을 기피하거나 원하지 않는 측이 밀고 있다는 주장도 있다. 물론 어쨌든 이 별명의 생산지는 일본이다.

한편 일본에서는 대놓고 군사적으로 적국 드립을 쳐 반일인사라며 경계했지만, 정작 일본 방송사가 취재한 인터뷰에서 일본인들을 좋아한다고 하자 어리둥절한 모습을 보이기도 했다.

사실 일본에서 보는 소위 친일정권이었다는 박근혜 정부에서도 한일 관계는 삐거덕거렸던 것을 볼 때 일본 언론에서 너무 설레발치는 경향도 있었다.

민선 7기 경기도지사, 알을 품다

이재명 시장의 대권도전을 후원하는 일명 무수저(흙수저) 후원회가 공식 출범했다. 놀라운 점은 출범 하루 만에 약 3억 원에 달하는 돈을 모금했다는 사실이다. 이는 당의 후원을 받는 대권주자의 자금 법정한도인 24억 원의 10%에 달하는 금액이다.

더구나 해당 후원회는 소위 이름값 나가는 홍보용 인사를 배제하고 청년, 장애인, 노동자, 농민, 학생, 해고 노동자, 소상인 등 약자나 서민 계층을 후원회장으로 임명하며 눈길을 끌었다.

이재명 측근은 재벌체제 해체를 공언해 기업의 거액 후원 없이 모금이 매우 어려울 것으로 예상했다. 그러나 무수저, 흙수저의 열망이 이변을 불러온 셈이다. 아무도 억울한 사람이 없는 세상을 만들라는 주권자의 명령으로 받아들인 것이다.

그 후 사흘 만에 5억 원을 찍더니 그로부터 보름 만에 9억 원을 돌파했고, 결국 23일 만에 10억 원을 완파했다.

과거 선거에서 이러한 후원과 관련된 열풍은 그 유명한 노무현 대통령의 돼지 저금통 모금이나 유시민 펀드 등이 있을 뿐이다.

이재명이 문재인 정부 출범 이후 내부 비판을 안 하고 유해졌다거나 문빠가 됐다는 극성 지지자의 의견에는 "문재인은 정적이 아니며 네거티브를 반성하고 있다"고 말했다. 「썰전」에서는 "순간 대통령이 되고 싶어 너무 달렸다"고 회고했다.

또한 그는 "민주당을 중심으로 한 시민사회 세력과 더불어 진보세력까지 성장해야 하므로 지금은 그들을 비판하는 외부에 초점을 맞춰야지 내부 총질을 할 시간이 아니다"고 말했다. 이러한 인터뷰에 알 수 있듯이 이재명은 대선을 겪은 이후 생각이 많이 달라졌다.

SBS 예능인 「동상이몽 너는 내 운명」 방송 초기에 부인과 같이 패널로 출연했다. 출연 이후 젊은이와 여성층, 지지층에서 인간적인 면을 보았다는 말과 호감이 생겼다는 반응이 늘었다. 그 역시 방송 출연 이후 시민들이 더욱 친밀하게 다가온다고 말했다.

그 반면 지방선거가 1년도 남지 않은 상황에 출연한다는 언론의 보도에 좋은 이미지를 쌓기 위한 작업이라는 비아냥도 간혹 들렸다. 보수나 친문 리버럴 성향의 이들 중 일부는 정치적 쇼라며 비판도 했다.

이재명은 차기 대권 주자로서 다음 행보에 많은 관심이 모일 때 체급을 올려 경기도지사 출마를 선택했다. 일각에서는 서울특별시장 출마 가능성이 있다고 분석했지만, 이미 박원순 서울시장이 3선에 도전한다면 서울시 지방선거에 출마하지 않는다고 밝혔다. 같은 성향을 지닌 식구들끼리 싸울 필요가 없기 때문이다.

중앙정계 진출은 그의 장점인 행정 능력을 내세우기 힘들고, 같이 경선에 참여한 안희정 전 지사보다 당내 주류인 친노·친문 의원들과 접점이 별로 없어 처음부터 잘 이야기되지 않았다.

이재명은 2017년 9월 25일 MBN의 「판도라」에 출연해 마음을 이미 굳혔다. 단지 "발표하기에 시기가 아직

이르다"며 직접적인 표현은 하지 않았다. 그러나 그는 "이사하기 싫다. 솔직히 다 알고 있지 않느냐"며 사실상 출마 선언을 했다.

안경환 법무부 장관 내정자가 자진 사퇴하면서 이재명 시장을 법무부 장관으로 임명해 검찰개혁을 이뤄내야 한다는 여론도 있었으나 이전부터 그는 임명직은 맡지 않는다고 말해 왔다.

그동안의 경기도지사들은 손학규, 김문수, 남경필과 같은 보수정당 소속 개혁파 인사들이 대부분이었던 만큼 만약 이재명 시장이 현역인 남경필 지사나 자유한국당에서 세운 보수후보들을 누르고 경기도지사에 당선되면 중도진보정당인 더불어민주당에는 아주 큰 수확이었다. 게다가 이재명 시장의 정치적 위상도 한층 더 높아질 것은 자명했다.

초기에는 잘하면 경합이라는 예상이 우세했다. 하지만 7월 29~30일 리얼미터 여론조사에서는 이재명 시장의 지지율이 41.9%로 13.7%인 남경필 현직 경기도지사를 트리플 스코어로 압도하면서 구도가 역전돼 현직 남 지사가 수성에 나서는 모양새를 보였다.

지방선거 전에 문재인 정부나 여당에서 큰 변고를 저지르지 않는 이상 현재의 흐름대로 갈 것으로 전망됐다. 더구나 9월경 남경필 지사의 아들이 마약사범으로 체포되어 승률이 더욱 올랐다.

이재명은 2018년 3월 2일 공직자 사퇴 시한인 15일에 성남시장을 사퇴할 것을 밝혔다. 자치단체장이 사임하려면 사임 10일 전까지 지방의회와 의장에게 통보해야 하는 지방자치법에 따라 일찍 발표했다.

이는 3월 2일이 금요일이고, 다음 주 월요일인 5일에 발표하면 시한이 빠듯한 탓이었다. 결국 2018년 3월 14일 성남시청에서 퇴임식을 갖고 다음날 성남시장을 사퇴했다.

한편, 경기도지사 경선 참여자인 양기대 전 광명시장이 전해철 의원과 이재명 전 성남시장에게 미투 검증을 정식으로 제안했다. 이에 대해 일각에서는 경선 경쟁자들이 유력한 후보인 이재명 전 시장의 가짜총각 의혹, 형수 욕설 등을 겨냥한 것으로 추측했다.

하지만 이재명 지지자들은 미투 검증 자체가 정치 공작이라며 반대했다. 가짜총각 건은 김부선 씨가 거짓이라고 이미 말했으며, 형수 욕설도 성폭행 문제 발언의 경우 이재명 전 시장의 형 이재선이 했다고 밝혔다.

이재명은 3월 21일 경기도지사 예비후보 등록 후 3월 27일 경기도지사 출마를 공신 선언했다. 그 후 전해철, 양기대 후보를 제치고 당내 경선에서 승리해 경기도지사 후보 선출이 확정됐다.

참고로 일반 안심번호 여론조사에서는 이재명이 65%대로 압도했지만 권리당원 투표에서는 이재명을 싫어하는 친문 권리당원들의 결집으로 전해철과 경합이 나왔다.

실제로 친문 성향 사이트들에서는 이재명에 대한 비토가 심했다. 심지어 전해철을 지지하다가 경선 탈락하자 "이재명에게 표 주기 싫다. 어떻게든 후보 등록 전에 사퇴시키거나 설령 남경필이 재선해도 문통과 민주당에 해가 될 암세포를 적출한 거니 상관없다."는 말까지 나왔다.

이재명으로서는 일반 여론에서의 우세를 지키고 민주당 내부의 비토 세력을 어떻게 설득하고 달랠 것인지가 큰 숙제였다.

경선 이후 같이 경쟁했던 전해철 의원과 양기대 전 광명시장에게 "선거를 위해 단순히 합치자는 게 아니다. 선거에서 끝나지 않고 경기도정을 (운영)할 때도 역할을 나눠 같이 해주면 좋겠다."며 공동선거대책위원회 참여를 제안했고 수락받았다.

아무튼 이재명은 여러 가지 잡음이 많았지만 결국 남경필 전 도지사를 넉넉히 앞서며 경기도지사에 당선됐다.

하지만 선거 중 이런저런 내상을 입으면서 도지사라면 모를까 차기 대권주자에서 약간 멀어졌다는 얘기도 나왔다.

친문 지지자나 일반 시민들에게 신뢰를 되찾으려면 앞으로 경기도지사로서의 행정업무는 물론 현재 대중에게 비치는 날 서고 공격적인 이미지에서 변화하는 모습을 보여야 한다는 의견도 많다.

그러나 그것은 태풍이 지나간 자리처럼 고요해지리라. 하늘만이 알 터이다.

經基道로 거듭나다!

이재명 경기도지사 취임식 전격 취소

이재명 경기도지사 당선인은 2018년 7월 2일로 예정된 경기도지사 취임식을 전격 취소하고 태풍에 대비한 긴급 재난안전 대책 수립에 나섰다.

이 당선인은 제7호 태풍 쁘라삐룬의 한반도 북상 가능성이 알려진 6월 29일, 이에 대비하는 재난안전대책 보고를 긴급 지시했다.

30일에는 2일로 예정된 취임식을 취소하는 방안을 검토하도록 지시해 경기도와 인수위는 상황의 시급 · 중요성을 고려해 그에 따르기로 최종 결정했다.

이 당선인은 임기 첫날인 1일 오전 10시경 수원에

위치한 현충탑을 찾아 방명록에 "선열의 뜻을 이어 공정하고 희망 넘치는 새로운 경기, 도민과 함께 만들겠습니다"라고 적었다.

참배는 부인 김혜경 여사와 염태영 수원시장이 동행한 가운데 10분 이내로 간결하게 이뤄졌다.

이재명 경기도지사는 참배 후 곧장 경기도청 재난상황실로 이동해 취임선서 낭독으로 간략히 취임 절차를 갈음한 뒤 긴급 소집한 회의를 주재했다.

이 지사는 임기 첫날을 맞아 오전 11시 경기도청 재난상황실에서 태풍 대비를 위한 재난안전 대책회의를 지휘하며 "공직자의 가장 큰 책무는 국민의 안전과 생명을 지키는 것이기에 휴일임에도 불구하고 첫 회의를 소집했다"고 말했다.

이어 "단 한명의 피해자도 발생하지 않게 하는 것이 우리의 의무이며 확실하고 확고한 대책을 수립하자"며 "혹시라도 그동안 매너리즘에 빠지거나 관행화되어 신경 쓰지 못하고 있는 부분이 있는지 살펴 달라"고 당부했다.

회의는 경기도 부지사 및 간부 공무원, 재난안전본부 관계자가 참석한 가운데 시·군 부단체장들은 화상으로 회의에 참여하는 형태로 열렸다.

이 지사는 종합적인 재난대비 상황 및 각 시군별 상황을 보고 받은 뒤 이날 호우주의보가 발령된 광명시

일대를 방문할 예정이다.

이 지사는 당초 휴일인 1일을 지나 2일 취임식과 함께 본격적인 업무에 착수할 계획이었다.

그러나 북상 중인 태풍 쁘라삐룬의 영향이 경기 지역에 미칠 것으로 예상되자 취임식 등 예정된 일정을 생략하고 곧바로 긴급 재난안전 대책회의를 소집, 임기 첫날인 1일부터 비상 업무에 돌입했다.

민선7기 경기도지사직 인수위 김용 대변인은 "이 당선인이 북상 중인 태풍의 규모가 크기 때문에 모든 역량을 재난 대비에 집중해 도민 피해를 최소화할 것을 당부했다"며 취소의 배경을 설명했다.

이재명 당선인은 "도지사 임명식의 참석을 기다려 오신 도민 여러분께 송구하다"며 "무엇보다도 도민의 생명과 안전을 최우선으로 하는 도지사가 되겠다"고 전했다.

취소된 경기도지사 취임식은 사전에 참여 신청한 도민 등 1000여 명을 초청한 가운데 주권자의 관점에서 도민들이 당선인에게 임명장을 수여하는 '임명식' 형태로 2일 오전 11시 경기도청 북부청사에서 진행할 예정이었다.

이 당선인은 평소 "국가의 제일 의무는 국민의 생명과 안전을 지키는 것"이라고 강조해온 철학에 따라 당초 임명식을 마친 2일 오후 안산에 위치한 '416기억교실'을 방문해 세월호 희생자를 추모하고 유가족과 면담할 계획이었지만, 더욱 시급한 도민 안전대책 수립을 위해 이 행사도 연기 보류됐다.

이재명, 민선 7기 경기도 공무원의 역할은 '공정'

이재명 경기도지사는 "민선 7기 경기도정의 핵심은 공정함"이라며 "억강부약(抑强扶弱; 강자를 누르고 약자를 도와 줌)의 정신으로 일해 달라"고 당부했다.

이재명 경기지사는 2018년 7월 5일 오전 취임 후 첫 월례조회에서 "공무원에게 권한을 주는 이유는 공정한 세상을 만들기 위해 억강부약의 역할을 하도록 돕기 위한 것이다."며 "체제가 망하는 가장 중요한 이유는 불공정한 격차에 있다. 그걸 억제하는 것이 공직자들의 가장 큰 역할이다."고 말했다.

이어 이 지사는 "공무원이 가진 권한과 예산은 내 것이 아니고 국민으로부터 온 것이다. 공무원이 자기 권한을 특정한 사람을 위해 쓰는 것을 부정부패라고 한다."며 "최대한 공정하게 권한과 예산을 사용해 좋은 세상을 만들자."고 강조했다.

이 지사는 이날 1시간여 동안 자신의 도정운영 철학뿐 아니라 공무원의 일하는 방식에 대한 조언, 앞으로의 다짐 등에 대한 인사말을 진지하게 이어 갔다.

이 지사는 "먼저 부탁할 말이 있다"며 "어차피 할 일이라면 반 발짝만 앞서가 달라"고 능동적이고 적극적인 자세를 주문했다.

특히 "쉽고 간단한 일부터 빨리 처리하는 것이 중요하다"며 "공무원에게는 간단하게 할 수 있는 일이지만 도민 입장에서는 엄청나게 중요한 문제다. 인생이 걸린 문제일 수도 있다. 사람의 마음은 작은 데서 움직이는 것"이라고 일하는 방식도 조언했다.

또, 이 지사는 경기도 공무원에게 법을 위반하는 일은 절대 지시하지 않을 것이며 예측 가능한 인사를 하겠다는 다짐도 보여주었다.

이 지사는 자신의 인사운영 원칙으로 ▲가능하면 많은 사람들이 혜택을 보는 도정이 될 수 있도록 방향성을 갖고 일하는 사람 ▲맡은 일을 열심히 하는 사람 ▲기술·노하우 등 능력을 갖고 있는 사람 등 3가지를 제시했다.

이어서 "하위직은 연공서열 중심으로, 상위직은 실력경쟁을 해야 한다"며 "도정에 대한 이해도를 높이기 위해 직원을 대상으로 한 소양평가를 도입하는 방안도 생각 중"이라고 밝혔다.

한편, 이 지사는 이날 인사말 중간에 "저 때문에 걱

정하는 분들이 꽤 있다는 소문이 있던데 걱정 안 해도 된다. 의외로 착하다"거나 "천둥벌거숭이도 아니고 성격 이상한 사람도 아니니 안심하라" 등의 말로 분위기를 부드럽게 띄워 친근한 모습을 보여주었다.

이재명 경기도지사가 취임 선서를 하고 있다.

- 경기도민께 드리는 약속 -

"공정함이 살아 숨 쉬는 경기도를 만들겠습니다."

존경하는 1300만 경기도민 여러분, 오늘 도민 여러분으로부터 민선7기 경기도지사 임명장을 받은 이재명 인사드립니다.

이 가벼운 임명장에 담긴 책임의 무게가 얼마나 막중한지 잘 알고 있습니다. 저를 믿고 책임을 맡겨주신 여러분께 경기도의 운명과 도민의 삶을 책임지겠다는 각오로 제 온 마음을 담아 약속드립니다.

첫째, 억울함이 없는 공정한 경기도를 만들겠습니다.

민선7기 경기도정은 '공정'이라는 원칙을 확고하게 실천하겠습니다. 경기도지사는 군림하는 존재가 아니라 도민의 명령을 성실하게 수행하는 대리인입니다. 억울함이 없는 세상, 공정한 경기도를 만들라는 도민의 명령을 충실하게 따르겠습니다.

도지사의 모든 권한과 책임은 주권자인 도민의 것인 만큼 오로지 도민을 위해 공정하게 사용될 것입니다. 기회는 모두에게 공평하고, 공정한 경쟁이 보장되며, 기여한 만큼의 정당한 몫이 보장되는 경기도를 만들겠습니다. 성실한 사람이 인정받고 노력은 배반당하지 않는다는 믿음이 뿌리 내리고, 도민여러분에게 더 많은 기회와 더 큰 희망이 주어지도록 하겠습니다.

둘째, 문재인정부의 나라다운 나라를 경기도에서 실현하겠습니다.

우리는 지금 거대한 전환기에 서 있습니다. 문재인정부가 열고 있는 평화의 시대, 번영하는 나라를 지방정부가 든든하게 뒷받침해야 합니다. 한반도의 평화와 새로운 번영의 시대를 향해 경기도가 앞장서겠습니다. 문재인정부의 한반도 신경제지도 구상에 발맞춰 긴밀하게 소통하고 협력해서 경기도를 남북간 교류 협력, 나아가 동북아 평화경제공동체의 중심으로 만들겠습니다.

셋째, 전국 최고의 삶의 질이 보장되는 경기도를 만들겠습니다.

복지는 헌법에 규정된 국민의 권리이자 정부의 의무입니다. 복지를 확대해 도민들이 골고루 혜택을 누리게 하겠습니다. 부정부패, 예산낭비, 세금탈루를 없애고 도민의 혈세가 도민을 위해 제대로 쓰이게 하겠습니다.

지역화폐와 결합된 복지확대로 전통시장과 골목상권을 살리고, 중소기업 지원과 창업 활성화, 노동권 강화로 일자리와 가처분소득을 늘려 경제가 지속성장하는 선순환구조를 만들겠습니다. 도민임이 자랑스러운 경기도, 모두가 이사 오고 싶은 경기도를 만들겠습니다.

넷째, 참여와 자치, 분권의 모범을 만들겠습니다.

경기도는 대한민국 최대 자치정부입니다. 새로운 경기도는 31개 시·군이 특색 있고 조화롭게 발전하며, 도민이 자긍심을 가지고 도정에 주체적으로 참여하게 될 것입니다. 경기도가 참여와 자치, 분권과 협력의 모범을 만들고 대한민국의 표준이 되겠습니다.

사랑하는 도민 여러분,

촛불혁명을 통해 시작된 거대한 변화의 흐름은 우리 사회 전반을 바꾸고 있습니다. 이제 정치가 화답해야 합니다. 약속을 어기는 무책임정치, 주권자를 무시하는 독단정치, 기득권만을 위한 배신의 정치를 끝내고 책임을 다하는 진심의 정치를 해야 할 때입니다. 저부터 실천하겠습니다.

약속을 지키는 도지사가 되겠습니다.

지위보다는 해야 할 일에, 권한보다는 책임에 더 집중하겠습니다. 저에게 주권자와의 약속은 계약 그 이상입니다. 화려한 말보다 책임지는 행동과 실천으로 선거기간 약속했던 것들을 하나하나 꼼꼼히 챙기겠습니다.

경청하고 소통하는 도지사가 되겠습니다.

주권자의 위임을 받은 대리인으로서의 역할과 책임을 다하기 위해 잘 듣고 끊임없이 소통하겠습니다. 도민 위에 군림하는 도지사가 아니라 도민들 옆에서 함께

하는 도지사가 되겠습니다.

강자의 횡포를 누르고 약자를 돕는 도지사가 되겠습니다.

저는 정치의 역할이 소수 강자의 횡포를 억제하고 다수 약자를 도와서 함께 어우러져 살게 하는 것이라고 믿습니다. 기득권의 편이 아니라 평범한 도민의 편에서 '억강부약(抑强扶弱)'을 실천하는 도지사가 되겠습니다.

도민 여러분, 올해는 경기 정명 천년이 되는 해입니다.

천 년 전 경기도를 만든 고려 현종은 강감찬과 함께 거란을 물리치고 120년 평화와 번영의 시대를 개척한 명정치가였습니다.

현종은 즉위 조서에서 공직자들에게 "양청격탁(揚淸激濁)을 원칙으로 삼고 배공향사(背公向私)를 경계하라"고 당부했습니다. 청렴을 장려하고 부패를 배격하며, 공익보다 사익을 앞세우지 말라는 뜻입니다. 특별히 지방관들에게는 "백성 사랑하는 마음을 깊게 간직하고 만물을 아끼는 마음을 잊어서는 안 된다"고 강조했습니다.

현종의 이 가르침은 오늘날에도 여전히 깊은 울림으로 다가옵니다. 사익보다 공익을 우선하고, 항상 도민을 섬기는 마음으로 도정에 임하겠습니다.

이제 지난 천 년을 갈무리하고 새로운 경기 천 년을

만들어가야 할 때입니다.

원래 경기(京畿)는 왕성의 주변 지역을 의미하는 말이었습니다. 하지만 이제 그 의미를 '경세제민(經世濟民)'의 경(經), '기초(基礎)'의 기(基), 즉 '경세제민의 터전'이라는 뜻의 '경기(經基)도'로 새로 정립하겠습니다.

도민의 생존권이 제도적으로 보장받고, 도민의 삶의 안정에 절대가치를 두는 곳, 공정의 원칙이 확립되고 모든 영역에서 불평등이 없는 곳, 청년에게는 희망이, 어르신들에게는 재도약의 기회가 제공되는 곳, 그래서 한 명 한 명 모든 도민의 자존감이 충족되는 새로운 경기(經基)도로 만들겠습니다.

새로운 경기도는 자치의 시대, 분권의 시대, 주권자의 시대를 이끄는 대한민국의 새 중심이 될 것입니다. 도민 모두가 주인으로서 스스로 운명을 개척하며 함께 사는 공동체를 여러분과 같이 만들어가겠습니다.

도민 여러분, 부족한 저를 믿고 막중한 임무를 맡겨주신 뜻을 항상 기억하겠습니다.

감사합니다.

2018년 7월 2일
경기도지사 이재명

취임 첫해, '공정 경기' 기틀을 놓다

2018년 16년 만의 경기도 정권교체로 화제를 모으며 출범한 민선7기 이재명 호(號)의 취임 첫해가 저물었다.

공정·복지·평화를 3대 핵심가치로 내세우며 가성비 높은 다양한 정책을 선보인 이 지사의 지난 6개월은 최근 자신의 SNS에 표현한 대로 '경기도는 혁명 중'이란 말로 요약된다.

경기도에는 현재 기본소득형 국토보유세 도입과 후분양제 등 대한민국 주택정책의 패러다임을 바꿀 만한 부동산 혁명이 진행 중이다. 공공기관을 둘러싼 특혜채용 비리에 대한 엄단과 입찰담합업체에 대한 철퇴가 내려졌다.

적폐청산 혁명이 진행 중인 셈이다. 환자인권 보호를 위해 수술실 CCTV가 설치됐으며, 청년기본소득(청년배당)·산후조리비·무상교복 등 새로운 복지혁명이 2019년 진행되고 있다.

2010년 5·24조치 이후 중단됐던 남북교류협력도 경기도가 앞장서 재개를 준비 중이다. 취임 첫 해 민선7기 경기도가 보여 준 다양한 성과들을 7개 분야로 나

뉘 살펴봤다.

'억강부약'…, 공정으로 약자를 보호하다

'강자를 누르고 약자를 도와준다'는 뜻의 억강부약(抑強扶弱)은 공정을 최고의 가치로 내세운 이재명 지사의 도정운영 철학이다.

이 지사는 취임 후 첫 월례조회 인사말에서 "공무원에게 권한을 주는 이유는 공정한 세상을 만들기 위해 억강부약의 역할을 하게 하기 위한 것"이라며 "체제가 망하는 가장 중요한 이유는 불공정한 격차에 있다. 그걸 억제하는 것이 공직자들의 가장 큰 역할"이라고 강조했다.

청소원과 방호원 등 이른바 현장근무자에 대한 근무환경 개선은 억강부약의 대표적 실천사례 중 하나다. 도와 도 산하공공기관은 청소원이나 방호원 등 현장노동자의 근무여건 개선을 위해 2018년 10월 옥상이나 지하·당직실에 있던 휴게공간을 지상으로 옮기고, 오래된 냉장고나 TV 등 집기류를 새것으로 교체했다.

경기도건설본부는 2020년 12월 완공 예정인 광교 신청사 내 청사 노동자 휴게공간을 당초 설계면적($95.94m^2$)보다 4.7배 늘어난 $449.59m^2$로 확대하기로 했다. 이는 모두 이 지사의 지시에 따른 것이다.

유리천장을 깨기 위한 여성공무원에 대한 파격적인 인사조치도 공정의 가치 아래 이뤄졌다. 지난 8월 도는 정기인사 5급 승진 예정자의 여성 비율이 역대 최고인 35.4%를 기록했다고 밝혔다. 앞서 이재명 지사는 양성평등 경기도를 위해 고위직 여성공무원과 도내 각종 위원회의 여성 비율을 늘리겠다고 약속했다.

각종 특혜와 불공정 거래에 대한 강도 높은 조사도 이뤄졌다. 도는 공정에 반하는 특혜채용을 뿌리 뽑기 위해 2018년 11월부터 2019년 1월말까지 도와 22개 공공기관의 특혜채용 실태에 대해 특별감사를 진행했다.

앞서 도는 경기도지사 인수위원회가 특별조사를 요청한 킨텍스 인사채용 비리의혹에 대해 조사를 실시하고 여성응시자 배제 등 인사비리를 다수 확인해 고발 조치했다.

입찰담합업체에 대한 강도 높은 제재도 공정한 경기도를 만들기 위한 조치다. 도는 지난 11월 입찰담합 이력이 있는 건설업체의 개발사업 참여 배제와 중소기업 육성자금 지원 대상 제외 등의 내용을 담은 '건설공사 입찰담합업체 제재강화 계획'을 발표했다.

경기도는 입찰담합이 공공 발주공사의 예산낭비와 부실시공으로 이어져 강력한 제재방안이 필요하다는 입장이다.

상습 고액체납자에 대한 강도 높은 징수조치도 이뤄졌다. 도는 올해 건축물 취득세를 줄여 신고한 569명에 28억원, 무기명예금증서 보유자 등 75건 215억원 등 새로운 징수기법을 동원해 탈세를 막았다. 또한 지방세 1천만원 이상 고액체납자 2536명의 명단을 공개하고 체납차량 번호판 3만816대를 영치했다.

도는 세금체납자의 주식이나 펀드를 추적하고 이를 즉시 처분할 수 있는 체납자 증권압류시스템을 개발해 특허 등록까지 마쳤다. 경기도는 체납자 증권 압류 시스템을 전국 지방자치단체로 보급하기 위해 행정안전부가 개발 예정인 차세대지방세 정보시스템에 이를 도입하도록 건의할 계획이다.

이 밖에도 도는 서민을 울리는 불법고리사채를 뿌리 뽑기 위해 경기도특별사법경찰단 주도로 강도 높은 수사를 실시했다. 특사경은 지난 8월부터 12월까지 불법사채조직에 대한 압수수색, 특사경 수사관이 대출희망자로 위장해 전화로 유인하는 이른바 '미스터리 쇼핑' 등의 수사기법을 사용해 시흥시 등 4개시 10개 불법사채업체에서 16명을 검거해 검찰에 송치했다.

도는 고리사채와 연계해 내년부터 긴급 생활자금이 필요한 극저신용자(신용등급 8등급 이하)에게 소액을 빌려주는 금융지원사업을 시범 시행할 계획이다. 고금리·불법 사금융 피해를 사전에 차단하겠다는 의지로 대출조건은 최대 100만원, 금리는 연 2% 내외로 대출기간은 최대 3년 이내다. 도는 1인당 50만 원 대출 시 약 6000명, 100만원 대출 시 최대 3000명까지 지원 혜택을 받을 것으로 보인다.

이재명의 개혁은 계속된다

이재명 지사 취임 후 경기도는 혁명으로 불릴 만큼 파격적인 정책을 추진하며 우리 사회 곳곳에 많은 반향을 불러일으켰다. 먼저 기본소득형 국토보유세 도입이다.

이 지사는 2018년 9월 더불어민주당과의 정책간담회를 통해 "대한민국의 부동산투기와 경제문제를 해결하기 위해 부동산 불로소득을 줄이고, 그 이익을 환수해 국민의 이익으로 만들어내는 것이 중요하다"며 기본소득형 국토보유세 도입을 주장했다.

기본소득형 국토보유세는 부동산으로 인한 불로소득을 환수해 국민 모두에 공평하게 나눠주는 제도이다. 국토보유세를 제도화할 경우 세수는 약 15조 5천억 원이 증가하고, 토지배당 액수로 국민 1인당 30만 원의 기본소득 배당이 가능하다는 연구 결과도 있다.

경기도는 2018년 11월 기본소득 도입을 논의하기 위한 '경기도 기본소득위원회 설치 및 운영 조례'를 공포했으며, 최근에는 정책 자문을 위한 기본소득위원회 구성을 완료하고 12월 20일 그 첫 회의를 가졌다.

또, 내년 상반기에는 전국의 지방자치단체와 함께 (가칭)기본소득 지방정부협의회를 출범시켜 기본소득 정책을 전국으로 확산시킨다는 계획이다. 도는 즉각적인 국가차원의 기본소득제도 도입이 현실적으로 어려운 만큼 우선 조례 제정을 통해 소액부터 지자체에서 시범적으로 운영해 보는 방안을 검토 중이다.

후분양제와 공공건설원가 공개, 표준시장단가 도입·시중노임단가 이상 지급 등은 주거분야의 혁명적 정책이다.

이 지사는 최근 "아파트분양을 후분양제로 바꾸면 소비자는 완공된 주택을 보고 구매를 결정하기 때문에 선택권이 강화되고 시공품질에 대한 사후 분쟁의 여지가 줄어든다"며 "경기도시공사에서 공급하는 택지에 민간 건설사가 공공주택을 건설하거나 경기도시공사가 직접 공급하는 공공주택에 한해 후분양제를 적용하겠다"는 뜻을 밝혔다.

도는 경기도시공사를 통해 아직 건설사가 선정되지 않은 2020년 착공예정 단지는 물론 최근 발표된 3기 신도시 가운데 경기도시공사가 참여하는 개발 사업에 후분양제를 적용할 방침이다. 또한 도는 2018년 9월부터 2015년 이후 도와 경기도시공사에서 계약한 계약금 10억 원 이상의 공공건설공사 원가를 양 기관 홈페이지에 공개해 사회적 주목을 받고 있다.

특히 경기도시공사는 2018년 9월 7일부터 경기도시공사와 민간 건설사가 공동시행한 공공아파트의 건설원가도 광역자치단체로는 처음으로 공개했다.

최근에는 서울시와 정부에서도 아파트 분양원가를 공개하겠다는 방침을 밝혀 경기도발 건설원가 공개 바람이 어디까지 확산될지 이목이 집중되고 있다.

이 밖에 도는 100억 원 미만 공사의 예정가격 산정 시 '표준시장단가'를 적용하도록 관련 제도개선을 정부에 건의했으며, 2019년 1월부터는 공공공사 건설노동자 임금을 시중노임단가 이상으로 지급했다.

의료분야에서는 수술실 CCTV 공개가 뜨거운 화두였다. 도는 2018년 10월 1일부터 경기도의료원 소속 안성병원 수술실에 CCTV를 설치하고 환자나 환자 가족이 동의하면 수술 장면을 CCTV로 촬영하고 있다.

도는 2019년까지 6개 도립의료원의 수술실에 모두 CCTV를 설치할 예정이다. 2018년 12월 19일 기준 안성병원에서는 388건의 수술이 진행됐고, 이 가운데 58%인 225명이 CCTV 촬영에 동의했다.

가성비 높은 공익일자리 만들어…

이 지사의 취임 첫해 경제 · 일자리정책은 소상공인 지원, 가성비(가격대비 성능) 높은 공익일자리 창출에 방점을 찍었다.

대표적인 소상공인 지원정책으로는 지역화폐가 있다. 지역화폐는 사용 가능 가맹점을 소상공인 · 전통시장으로 제한해 지역상권을 살리기 위한 대안 화폐다. 지역화폐는 만 24세 경기도 청년에게 연간 100만 원이 지급되는 '청년기본소득(청년배당)', 산모 1인당 50만 원이 주어지는 '산후조리비'의 지급수단으로 사용된다.

2019년 3월경부터 본격적으로 도입되는 지역화폐는 도입 규모만 4961억4800만 원으로, 조례에 따라 '경기도 지역화폐 이용 활성화 기본계획'이 시행되는 향후 4년 동안 1조 5905억 원 가까운 재원이 골목상권에 직접 투입된다.

도는 지역화폐 발행사업 추진을 위해 내년도 예산으로 151억4600만 원을 편성했다. 도는 지역화폐 도입시 지역경제 활성화, 일자리 창출, 소상공인 매출 증대 등의 효과가 있을 것으로 기대하고 있다.

도가 올해 선보인 대표적 공공일자리 사업으로는 행복마을관리소가 있다. 행복마을관리소는 마을순찰 · 여성안심귀가 · 택배보관 · 공구대여 등 생활밀착형 공공서비스를 제공하는 일종의 거점이다. 동네주민 가운데 취약계층이나 기능자격증을 가진 10여명을 선발해 행복마을지킴이로 채용해 공공일자리를 창출한다.

도는 2018년 군포시 산본 1동을 시작으로 안산시 상록구 광덕신안길 사회적경제지원센터, 시흥시 정왕본동 동네관리소, 의정부 1동 구 한전사옥, 포천시 구절초로 빈집 등 5곳에 시범사업지를 개설했다.

도는 행복마을관리소가 31개 시군 전역으로 확대될 경우 최소 2천명 이상의 공공부문 일자리 창출이 가능할 것으로 보고 있다. 도는 민선7기 동안 안전·공정·정의 등 사회적 가치를 실현하는 공익적 일자리 44만8천개를 만들 계획이다.

노동권익센터, 노동이사제, 노무비지급 시스템 등 노동자를 위한 다양한 정책도 선보였다. 민선7기 노동분야 핵심 공약사업으로 손꼽히는 '경기도노동권익센터'는 노동정책 발굴과 확산을 위해 설립되는 기관이다. 노동정책 연구 제안을 위한 모니터링 활동에서부터 노동자 대상 교육·홍보, 상담·구제에 이르기까지 노동권 보호를 위해 다양한 지원 서비스를 통합적으로 제공한다. 경기도노동권익센터는 2019년 3월 22일 경기도 북부청사에 문을 열었다.

노동이사제는 노동자가 이사회 구성원으로 경영에

참여할 수 있도록 한 제도로 지난 11월 '경기도 공공기관 노동이사제 운영 조례 제정안'이 도의회를 통과해 2019년 1월부터 시행했다.

조례에 따라 도내 25개 산하 공공기관 가운데 경기도시공사 등 3개 지방공사와 경기도경제과학진흥원 등 8개 출자·출연기관에서는 노동자 대표가 해당기관 이사회의 구성원으로 경영에 참여할 수 있다.

한편 도는 공공건설공사 현장 노동자의 임금체불을 막기 위해 지난 9월 대금지급확인시스템을 구축 가동했다. 이 시스템에 접속하면 건설근로자, 중소 하도급업체, 장비·자재업체는 대금이 적기에 지급되는지 처리현황을 실시간으로 확인해 임금체불을 막을 수 있다.

공직자의 가장 큰 책무는 국민의 안전

이재명 지사는 2018년 7월 1일 취임식 대신 태풍대비 재난안전대책회의를 개최하는 등 도민의 안전을 최우선에 두는 정책을 펼쳤다.

이 결과 경기도는 행정안전부가 매년 발표하는 '지역안전지수'에서 올해도 광역자치단체 도 부분 최우수지역으로 선정, 4년 연속 최우수지역 선정이라는 기록을 달성했다. '지역안전지수'란 행안부가 매년 안전관련 주요통계를 집계해 지역별로 안전수준과 안전의식을 객관적으로 나타내는 지표다.

경기도가 도민 안전보장을 위해 가장 신경을 쓴 분야 중 하나는 소방관 처우개선이다. 우선 근무여건 개선을 위해 도는 전체 34개 소방서를 대상으로 방화복 전용 세탁기 41대(9900만 원), 세탁물 건조기 336대(3억6960만 원), 개인안전장비 보관함 2775개(8억3250만 원)를 설치했다.

일반 세탁기는 세탁통의 회전 원심력 때문에 방화복이 손상돼 소방서에서는 전용세탁기를 사용해야 한다. 소방관에 대한 포상도 확대했다. 도는 최근 3년간 5.5%에 불과한 소방공무원의 도지사 포상 비율을 2019년 6%, 2020년 7%까지 확대해 힘을 더해 주기로 했다.

대표적 화재취약시설인 오래된 고시원에는 화재경보기를 설치하기로 했다. 2019년 3월까지 도내 2584개 고시원 10만실에 설치할 계획으로 도가 설치 예정인 화재경보기에는 연기감지기능이 있어 화재발생 때 신속한 대피가 가능하다.

전국 최초로 24시간 운영되는 응급의료전용 '닥터헬기'도 도입하기로 했다. 닥터헬기는 응급환자의 신속한 항공이송과 응급처치 등을 위해 운용되는 전담 헬기로 '날아다니는 응급실'로 불린다. 이재명 지사는 2018년

11월 경기남부권역외상센터 이국종 센터장과 업무협약을 맺고 내년에 예산 51억 원을 들여 닥터헬기를 도입 배치하기로 했다.

경기도특별사법경찰단의 수사범위 확대도 빼놓을 수 없는 도민안전대책이다. 도는 2018년 7월 식품 · 환경 · 원산지 · 공중 · 청소년 · 의약 등 6개 분야에 머물렀던 기존 특별사법경찰단의 수사범위에 수원지방검찰청과의 협의를 통해 대부업 · 부정경쟁(상표법) · 사회복지법인 · 동물보호 · 개발행위 등 15개 분야를 새롭게 추가했다.

특사경은 올해 명절 성수식품 단속 등 먹거리 분야, 미세먼지 발생 사업장, 불법사채, 짝퉁 제품 등 다양한 분야에서 수사를 실시했다. 최근에는 불법 학교급식재료 제조 · 납품업자를 적발해 아이들의 건강지킴이로 활약하기도 했다.

집 걱정 없는 경기도 만들기

민선7기 경기도 주거복지정책의 핵심은 누구나 집 걱정 없는 경기도를 만들기 위한 공공임대주택 확대에 있다. 도는 지난 9월 2022년까지 공공임대주택 20만 가구 공급계획을 발표하고 '2030 경기도 주거종합계획'에 반영했다.

이렇게 되면 도내 전체 주택대비 공공임대주택 비율은 지난해 기준 8.5%에서 2022년 11.6%로 높아진다. 20만 가구는 공공분야에서 직접 건설해 공급하는 건설임대 방식으로 13만7천 가구, 기존 주택을 매입 또는 전세 계약해 재임대하는 방식으로 6만3천 가구를 공급한다. 도는 이런 공공임대주택 확대에 앞으로 5년간 총 24조7천억 원이 소요될 것으로 전망하고 있다.

특히, 도는 공공임대주택 확대를 위해 최근 안성시 당왕동 경기도의료원 옛 안성병원 부지(8385㎡)에 경기도형 공공임대주택인 경기행복주택(옛 따복하우스) 300세대를 건설한다. 도는 당초 이 부지를 매각해 광교에 조성중인 경기도청 신청사 건립비로 사용할 계획이었으나 민선7기 공공임대주택 공급 확대 정책에 따라 이를 변경했다.

주거환경 문제로 힘들어 하는 주민들을 위한 공영개발 사례도 있다. 이재명 지사는 취임 후 첫 민생현장 방문지로 수년간 아스콘 공장의 대기오염물질로 갈등을 빚어 온 안양 연현마을을 찾아 공장부지 등을 쾌적한 도시환경을 갖춘 곳으로 조성하자는 공영개발방안을 제시했다.

도는 2023년 준공 목표로 사업비 약 1660억 원을 들여 연현마을 아스콘공장 부지 등 주변지역 12만5775

㎡에 아파트 1187세대 등을 건설할 계획이다. 연현마을 주민은 이에 대한 고마움의 표시로 2018년 10월 이 지사에게 감사패를 전달하기도 했다.

맞춤형 복지로 도민 삶의 질 높여

경기도는 포용적성장의 기틀을 다지기 위해 내년 복지예산으로 올해 8조3871억 원보다 1조6509억 원(19.7%)이 증가한 10조 380억 원을 편성했다. 4인 가구로 환산하면 가구 당 50만 원 이상이 증가한 셈이다.

포용적성장은 사회 구성원이 균등한 경제활동 참여 기회를 갖음으로써 불평등 완화와 경제성장으로 이어진다는 이론이다.

이를 바탕으로 내년에는 다양한 복지정책이 쏟아진다. 먼저 이재명표 3대 무상복지로 일컬어지는 청년기본소득(청년배당), 산후조리비 지원, 무상교복사업이 본격 시행에 들어간다.

청년기본소득(청년배당)은 도내에 3년 이상 거주 중인 만 24세 청년을 대상으로 분기별 25만원씩 연간 100만 원 상당의 지역화폐를 지급하는 것으로 2019년 만 24세가 되는 17만5000여 명이 받는다.

경기도 산후조리비는 신생아 출생일 기준으로 1년 이상 도에 거주한 부모에게 50만 원 상당의 지역화폐가 지원되며, 무상교복은 2019년 2월 도내 중학교 신입생 12만7천여 명에게 혜택이 돌아갔다.

생애 주기별 맞춤형 지원사업도 추진된다. 도는 영구치가 완성되는 초등학교 4학년을 대상으로 1명당 4만 원씩의 구강검진비를 지원하고, 결식아동의 끼니당 급식단가를 4500원에서 6000원으로 책정했다. 또 어린이집 아동 37만여 명에게 무료로 건강 과일을 간식으로 공급한다.

청년기본소득(청년배당)과 함께 청년국민연금 등 청년 대상 복지정책도 2019년 시행에 들어갔다.

생애최초 청년국민연금은 만 18세가 되는 청년에게 첫 보험료 1개월치 9만 원을 경기도가 지원, 국민연금 조기 가입으로 미래설계 기반을 마련하는 청년복지사업이다.

'군복무 청년 상해보험'은 군 현역병과 상근예비역 등 군복무 중인 경기도 청년의 단체보험 가입을 지원하는 것으로 2018년 12월 기준 군인 28명이 보험금을 지급받았다.

이 밖에도 도는 일본군 성노예 피해자 할머니들에게 지급하는 생활안정지원금을 내년부터 당초 1인당 월 200만 원에서 월 290만 원으로 90만 원 인상한다.

경기도가 선도하는 남북교류사업

이 지사는 취임 직후 "전체를 위해 특별한 희생을 치르는 곳에는 그에 상응한 특별한 보상이 있어야 한다"며 분단의 고통과 희생을 감내한 경기북부지역에 대한 지원을 약속했다. 이에 따라 도는 올해 포천지역의 숙원사업인 국지도 56호선 수원산터널 개통과 전철 7호선 도봉산포천연장선(옥정~포천) 정부 예비타당성조사 면제사업 후보 선정 등을 추진했다.

특히 2018년 11월에는 고양, 의정부 등 북부지역 10개 시군과 상생발전을 위한 협약을 맺고 경기북부의 공정한 발전과 평화기반 조성, 도민의 복지증진을 위해 공동 노력하기로 합의했다.

합의안에는 ▲특별한 희생 지역에 대한 특별한 지원대책 협업 ▲낙후지역에 대한 전략산업 개발 및 추진 ▲평화기반 조성 위한 공동 연계 및 대응 ▲도민 복지증진 위한 정책 발굴 및 추진 등이 포함됐다.

2018년 11월 도 북부청사 앞에 문을 연 경기평화광장은 북부 도민을 위한 휴식처다. 경기도는 169억 원을 들여 청사 앞에 대규모 광장과 휴식공간을 만들었다. 광장면적은 2만2986㎡으로 서울광장(1만3207㎡)의 1.7배에 달한다. 각종 문화·휴식공간도 갖췄다. 850㎡ 규모의 광장북카페는 1만5000여 권의 도서와 100석의

열람석 키즈존 등을 갖추고 있으며 누구나 휴식과 문화를 즐길 수 있는 숲속 놀이터, 공연의 길 등이 조성됐다.

2018년은 경기도의 남북교류협력사업에 한 획을 그은 의미 있는 해였다. 이화영 평화부지사가 10월 두 차례 방북을 통해 2010년 5·24조치 이후 8년 만에 남북교류 협력사업 재개의 물꼬를 텄다. 이어 11월에는 북한방문단이 고양에서 열리는 '아시아태평양의 평화번영을 위한 국제대회' 참석을 위해 경기도를 방문했다.

북한방문단이 지방자치단체가 주관하는 행사 참여를 위해 남한을 찾은 것은 이번이 처음이다. 도와 북한은 이재명 도지사의 방북을 비롯해 옥류관 경기도 유치, 농림복합사업 협의 추진 등에 합의한 상태로 내년이 더 기대된다.

한편 정부는 최근 김포, 연천, 고양 등 경기도내 112 km^2(3314만평) 규모의 토지를 군사시설보호구역에서 해제했다.

이는 여의도 면적(2.9km^2)의 약 39배에 달하는 규모로 그간 중첩규제로 고통받던 접경지역, 특히 경기북부 주민들의 삶의 질 개선에 긍정적 영향을 미칠 것으로 기대되고 있다.

"세상이 공정해지면,
   삶이 바뀌고 경제가 살아난다"

이재명 경기도지사는 2019년 6월 27일 경기도청에서 취임 1주년 기자회견을 열고 "지난 1년은 공정의 씨앗을 뿌린 시간이다"며 "세상이 공정해지면 삶이 바뀌고, 경제가 살아난다는 것을 입증해 보이겠다"고 그간의 평가와 포부를 밝혔다.

이재명 도지사는 이날 '규칙을 지키면 이익 보는 사회, 경기도가 만드는 공정한 세상입니다'란 제목의 기자회견문을 통해 "지난 1년 경기도는 공정 · 평화 · 복지의 기틀을 닦기 위해 쉼 없이 달려왔다. 그 중에서도 최우선 가치는 언제나 '공정'이었다"며 "규칙을 어겨서 이익을 볼 수 없고, 규칙을 지켜서 손해 보지 않는다는 믿음을 세우기 위해 최선을 다했다"고 말했다.

이 지사는 특히 "반칙과 특권, 편법이 능력과 동의어가 되어버린 불공정한 사회에는 희망이 없다"며 "누구에게나 기회가 공평하게 주어지고, 공정한 경쟁이 가능하며, 기여한 만큼의 정당한 몫이 주어지는 사회를 만드는 일은 가장 중요하고 시급한 과제다"고 공정의 중요성을 강조했다.

이어 지난 1년간의 '공정'을 위해 추진했던 정책들을 소개했다. 이 지사는 경기도 특별사법경찰단의 활동범위를 고리사채·부동산 허위매물 등으로 확대했으며, 맞춤형 체납관리단은 탈세와 체납을 적발해 조세정의를 구현하는 한편 생계형 체납자를 구제하며 억강부약을 실천했다고 밝혔다.

복지에 녹아든 공정정책으로는 청년기본소득과 미취학 아동을 위한 친환경 건강과일 공급사업, 초등학생 치과 주치의 사업, 무상교복지원사업, 산후조리비 지원사업을 꼽았다. 청년기본소득과 관련해서는 이 시대를 살아가는 청년들에게 고른 기회를 제공하고, 앞날을 응원하고자 하는 마음을 담았다고 말했다.

또한 이 지사는 "특별한 희생에는 특별한 보상이 따라야 한다는 공정의 원칙에 입각해 지역균형발전 기틀을 마련했다."며 경기북부 지역에 대한 균형발전 정책들을 언급했다. 주요 균형발전 정책으로 취임 후 첫 추경예산에 경기북부 도로망 확충을 위한 1,266억 원을 편성한 것과 도봉산-포천선 예비타당성 조사면제 대상 선정, 연천군보건의료원 예산 2배 확대, 총사업비 1조 원 규모의 양수발전소 포천 유치, 동두천 경기북부어린이박물관 직접 운영 결정 등을 예로 들었다.

부동산 문제 해결을 위한 공정정책으로는 관급공사

의 건설원가 공개, 공공분양 아파트 후분양제, 장기공공임대주택 20만호 추진 등의 성과를 설명했다. 이 지사는 이 부분에서 "부동산 불로소득은 경제를 망가뜨리는 큰 병폐"라며 "부동산 공화국이란 오명을 씻기 위해 기본소득형 국토보유세, 공공개발이익 도민환원제 도입을 위한 노력을 멈추지 않겠다"고 강조했다.

이 지사는 지난 25일 경기도의회를 통과한 조직개편안에도 공정가치가 담겨 있다며 '공정국'과 '노동국' 신설을 예로 들었다. 이 지사는 앞으로 공정소비자과는 대기업과 중소기업의 상생협력과 공정거래를 통해 공정경제생태계를 만드는 데 주력하고, 노동국에는 노동정책과·노동권익과·외국인정책과를 배치해 비정규직 노동권익 개선과 노동자 구제를 통해 억강부약의 정신을 구현하겠다는 뜻도 밝혔다.

이 지사는 계속해서 수술실 CCTV 설치와 기본소득 논의 확대 등을 소개하며 "불과 1년 사이, 경기도의 날갯짓이 대한민국에서 공정세상 나비효과를 일으키고 있다"며 "공정세상에 대한 경기도의 열망이 대한민국을 바꾸고 있다"고 덧붙였다.

앞으로의 계획에 대해서는 공정성장과 미래산업 육성, 일자리창출, 지역경제 활성화를 위해 힘쓰겠다고 강조했다.

이 지사는 "지난 1년간 끊임없이 다져온 공정의 가치는 지속 가능한 성장의 토대가 됐다"며 "갑질과 불공정이 사라진 공정경제 생태계에서 대기업과 중소기업은 상생 성장하고, 일자리는 늘어나고, 경제는 활기를 찾게 될 것"이라고 공정성장의 가치를 설명했다.

이어 반도체 클러스터 용인 유치, 세계최대 시흥 인공서핑 웨이브파크 조성, 화성국제테마파크 사업 정상화, 경기 고양 방송영상밸리 2020년 착공 소식 등을 전하며 "앞으로도 미래 먹거리 산업인 반도체, 바이오, AI(인공지능)·데이터 융합 분야의 산업을 집중적으로 육성하고, 5대 테크노밸리를 고도화해 경기도를 넘어 대한민국 전체의 성장을 견인하겠다"고 말했다.

그러면서 연간 11만개의 공공 일자리 창출을 추진하는 한편 두 달 만에 발행액 1천억 원을 돌파한 경기지역화폐가 자영업자와 소상공인을 살리고 골목상권과 지역경제를 활성화하는 데 크게 기여할 것이라는 확신도 덧붙였다.

이 지사는 이날 "도민들의 기본권을 교통, 주거, 환경, 건강, 문화, 노동, 먹거리로 확장시켜 삶의 변화가 눈에 보이고 손에 잡히게 하겠다"며 가시적 성과로 공정의 효과를 증명하겠다는 의지를 밝히고 기자회견을 마무리했다.

◆ 이재명 어록

▲ "계곡 내 불법적인 영업행위가 반복되는데도 각 시군들이 방치하는 경우가 많다. 도 특사경이 최근 하천 불법 점유자들을 입건했지만 이번에 처벌받아도 불법영업행위를 포기 안 한다. 위법시설은 강제 철거해야 한다. 안 되면 부동산을 가압류하는 방안도 검토해야 한다. 내년 여름 경기도 계곡이 깨끗하더라고 할 수 있게 공무원들이 움직여야 한다. "

(2019. 8. 12 / 오전 경기도 확대간부회의에서)

▲ "성노예 피해자 같은 엄청난 인권 침해와 국가 침탈의 아픔, 다시 생기지 않도록 하는 것은 오늘을 사는 우리들의 몫이다. 일본이 다시 경제 침략을 시작했다. 기회와 역량이 되면 군사적 침략조차도 마다하지 않을 집단으로 생각된다."

(2019. 8. 10 / 광주 나눔의 집, '일본군 성노예 피해자 기림일' 행사에서)

▲ "지난 1년은 공정의 씨앗을 뿌린 시간이다. 세상이 공정해지면 삶이 바뀌고, 경제가 살아난다는 것을

입증해 보이겠다. 최우선 가치는 언제나 '공정'이었다. 규칙을 어겨서 이익을 볼 수 없고, 규칙을 지켜서 손해 보지 않는다는 믿음을 세우기 위해 최선을 다했다. 반칙과 특권, 편법이 능력과 동의어가 되어버린 불공정한 사회에는 희망이 없다."

(2019. 6. 27 / 경기도청, 취임 1주년 기자회견에서)

▲ "세계은행이나 IMF에서도 포용적 성장, 분배와 재분배를 강화하는 것이 지속적 경제성장을 가능하게 하는 유일한 정책이라고 말한다. 개인적으로도 소득주도 성장, 포용적 성장은 반드시 가야 할 길이라고 생각한다. 지금은 돈이 많지만 투자할 곳이 부족한 저성장 시대로 투자할 곳은 많아도 돈이 없던 시대의 정책들은 바꿔야 한다."

(2019. 6. 17 / 서울글로벌센터 국제회의장, 소득주도성장특별위원회 정책토론회 기조연설)

▲ "누구에게나 기회가 주어지고 공정한 경쟁이 보장되며 기여한 만큼의 몫이 보장되는 사회야말로 경기도가 추구하는 공정한 세상이다. 친일을 하면 3대가 흥하고 독립운동을 하면 3대가 망한다는 말은 이제 더 이상 통용되어서는 안 된다. 특별한 희생에는 특별한 보

상이 따르고 나라를 위해 희생한 분들에게 더욱 각별한 예우를 갖춰야 한다. 그것이 상식이 되는 사회가 바로 공정한 세상이다."

(2019. 6. 6 / 수원 현충탑, '제64회 현충일 추념식'에서)

▲ "경기도 공직자의 한 시간은 1350만 시간의 가치가 있다. 도민들을 위한 진짜 정책은 연구가 아닌 공직자들의 정성에서 나온다. 공직자로서 봉사가 아닌 의무를 이행한다는 자세로 조금 더 시간을 내 관심을 가지면 많은 사람들의 삶이 나아진다. 작은 정성들이 조금씩 쌓이다 보면 큰 산을 만들 수도 있다."

(2019. 5. 3 / 경기도청 북부청사, 열린 '5월 공감소통의 날' 행사에서)

▲ "정치를 하는 이유, 함께 살면서 추구하는 가치 중에서 가장 중요한 것은 '공정의 가치'라고 생각한다. 공정하게 경쟁하고 모두에게 공정한 가치가 부여되고, 각자 기여한 만큼의 몫이 보장되는 사회여야 그 구성원 모두가 열정을 다할 수 있고, 효율이 발휘되는 사회가 될 것이라고 확신한다."

(2019. 4. 29 / '2019 대한민국 기본소득박람회' 개막식에서)

▲ "한반도 평화와 번영의 길은 얼마나 걸릴지 모르는 '먼 길'이지만 그래도 가야 할 길이다."

(2019. 4. 28 / '판문점 선언 1주년'을 맞아)

▲ "새로운 기술이 사람들의 삶을 망치고 특정 소수의 이익을 추구하는 수단으로 전락하지 않게 하는 것이 정부의 역할이다. 욕망을 추구하는 개인은 만석을 채우고 싶어 9,999석을 가졌어도 다른 사람의 것이라도 빼앗고 싶어 한다. 우리가 맞이할 4차 산업혁명 시대는 이런 시대가 아닌, 인간을 위한 시대, 함께 살아가는 시대가 되길 소망한다."

(2019. 2. 20 / 경기도청, '경기도 4차 산업혁명위원회 출범식'에서)

▲ "골목상권이야말로 우리 경제의 모세혈관이다. 몸에 아무리 피가 많아도 안 통하면 죽는 것처럼 자본도 순환이 잘되게 해 건강한 경제 생태계를 만들어야 한다."

(2019. 1. 25 / 용인 중앙시장, 상인들과의 간담회에서)

▲ "사람들이 합리적인 규칙을 지켜가면서 경쟁하면 자원이 잘 쓰여질 수밖에 없다. 공정한 경쟁 질서를 만

들어 주는 것이 경제 살리기의 핵심이다. 공정함이야말로 모든 것의 출발인 만큼 공정함의 가치를 모든 영역에서 지켜 나가야 한다."

(2019. 1. 2 / 소방재난본부에서 열린 '2019년 시무식'에서)

▲ "농사를 지으려면 햇볕에 얼굴이 타야 한다. 물에 안 젖고 어떻게 고기를 잡을 수 있겠는가. 경기도의 개혁정책들이 대한민국을 새롭게 만들 수 있을 것으로 생각한다."

(2018. 11. 30 / 경기도 확대간부회의에서)

▲ "저 때문에 걱정하는 분들이 꽤 있다는 소문이 있던데 걱정 안 해도 됩니다. 의외로 착합니다. 천둥벌거숭이도 아니고 성격 이상한 사람도 아니니 안심하십시오."

(2018. 7. 5 / 첫 월례조회에서)

▲ "공무원에게 권한을 주는 이유는 공정한 세상을 만들기 위해 억강부약의 역할을 하게 하기 위한 것이다. 체제가 망하는 가장 중요한 이유는 불공정한 격차에 있다. 그걸 억제하는 것이 공직자들의 가장 큰 역할이다."

(2018. 7. 5 / 첫 월례조회에서)

▲ "원래 경기(京畿)는 왕성의 주변 지역을 의미하는 말이었습니다. 하지만 이제 그 의미를 '경세제민(經世濟民)'의 경(經), '기초(基礎)'의 기(基), 즉 '경세제민의 터전'이라는 뜻의 '경기(經基)도'로 새로 정립하겠습니다."

(2018. 7. 2 / 취임 인사말에서)

▲ "썩어빠진 것들 같으니. 나라에 돈이 없는 게 아니라 도둑이 너무 많다."

(2016. 9. 20 / 트위터에서)

▲ "국민이 계도받아야 한다는 반기문 총장의 말은 포장된 '국민 개돼지론'이다."

(2016. 9. 16 / 반기문 총장의 "세계 속 한국은 레벨이 낮다. 언론이 국민을 계도하는 것이 중요하다"는 발언에 대해)

▲ "박근혜 대통령은 증세 없는 복지를 한다고 전 국민에 사기 쳐서 대통령이 되고는 국가 빚은 사상최대로 늘리고 꼼수서민증세에 애들 분유값 지원까지 줄이고 있다. 그런데 증세 없는 복지 공약을 대신 이행하는 성남시가 눈엣가시인가? 시기질투심으로 유치한 '증세 없는 복지금지법' 만들 생각은 버리고 '공약이행강제

법'이나 만드는 게 어떤가?"

(2016. 9. 16 / SNS 계정에 쓴 '박근혜가 하면 복지정책 이재명이 하면 퍼주기 포퓰리즘?'이라는 글에서)

▲ "위안부 합의 문제는 단순히 박근혜 정부가 도덕적으로 부진해서 생긴 문제가 아니다. 사실 한미일 군사동맹에 위안부 문제, 일제 침략 침해문제가 걸림돌이 되기 때문에 이걸 빨리 봉합하려는 것이다."

(2016. 9. 13 / 일본대사관 앞 평화의 소녀상을 지키는 대학생들과 환담을 나누며)

▲ "국가의 중요한 의사결정을 하는, 그야말로 '대권'을 가지게 되면 통일, 국방, 복지, 경제, 노동 온갖 걸 다해야 한다. 그런데 시장하고 경선 정도를 같이 겸하지 못해서 무슨 일을 하겠나? 그 정도야 충분히 겸용할 수 있다."

(2016. 9. 9 / 김종배 시사평론가와 라디오 인터뷰에서 '대선 경선에 참여하면 시장 일은 어떻게 할 생각이냐'는 질문에)

▲ "문재인 전 더불어민주당 대표가 우세를 점하고 있지만 (더민주 대권 후보가) 바뀔 가능성이 크다고 생각한다. 과거 더민주 경선룰이었던 결선 제도나 국민경선

정도로 룰이 정리되면 누가 될진 모르지만 바뀔 가능성
이 더 많다고 본다."

(2016. 9. 7 / 라디오 인터뷰에서 '대권 출마를 결심했다'고
밝히며)

▲ "기회와 부와 권력과 정보를 독점한 세력에 의해
철저히 불공정하고 불평등해진 대한민국. 지금 국민은
최소한의 인간다운 삶을 위해, 희망이 살아있는 미래를
위해 우리사회의 혁명적 변화를 요구하고 있다. 대한민
국의 혁명적 변화를 위해 내게 요구되는 역할을 다하겠
다. 사회적인 어머니 광주를 떠나며 다시 한 번 마음을
가다듬는다."

(2016. 9. 6 / 페이스북 글에서 대권 도전을 시사하며)

▲ "국민이 낸 세금을 아껴서 원래 주인인 국민에게
돌려주는 게 왜 공짜복지인가. 그들 머릿속에 국민은
개, 돼지라는 생각이 들어 있기 때문이다. 국민에게 많
이 돌려주면 배불러서 일 안 한다고 생각하는 것이다."

(2016. 9. 5 / 광주카톨릭평생교육원에서 열린 초청 강연에서)

▲ "나는 보수주의자다. 내가 원하는 사회는 원칙이
존중되는, 뿌린 대로 거두는, 기여한 만큼 받는 사회다.

이미 약속한 것들을 지키는 것은 보수다. 기회가 공평해야 한다는 것이지, 결과를 똑같이 나누자고 하는 것이 아니다. 내가 생각하는 것 중에 진보적 요소가 있지만 그것은 극히 적다. 우리나라에서 청년배당은 과격한 진보로 보인다. 하지만 유럽을 보면 다르다. 핀란드는 1인당 100만원 주는 것을 확정했고, 스웨덴은 청년 1인당 300만원을 받는 것에 대해 국민투표를 한다. 그렇게 하는 사람들도 좌파가 아닌 우파다."

(2016. 2. 5 / 한 언론사와 인터뷰에서 '자신을 사회주의자라고 보는 시각'에 대해)

▲ "정치는 현대화된 전쟁이다. 나아가 싸우느냐, 타협하느냐를 결정하는 것이다. 범죄자들과 타협해선 안 된다. 지금 보수라고 불리는 집단은 비상식적으로 불합리하게 행동한다. 이와 타협하면 나도 부정한 것이다."

(2016. 2. 05 / 한 언론사와 인터뷰에서 '정치를 무엇이라고 생각하느냐'는 질문에)

▲ "기회가 되면 당연히 해야 한다. 정치인이 정치적 영향력을 더 크게 할 수 있는 기회가 있다면 거부할 이유가 없다. 거부하면 거짓말이다."

(2015. 10. 1 / 라디오 인터뷰에서 '대권 도전 의사가 있느냐'

는 질문에)

▲ "삼성전자 이재용 부회장 등 재벌 3세들이 겨우 몇백 억 원의 세금을 내고 몇조 원의 이익을 얻는데, 절대로 '공짜'가 아니다. 누군가의 주머니에서 빠져나 간 것이다. 이런 일을 용서하면 안 된다. 돈은 곧 '마귀' 다. 평소엔 좋지만 결국 성완종과 같은 비극적 결말에 이르게 한다. 이게 바로 돈의 본질이다."

(2015. 5. 13 / 한 언론사와 인터뷰에서 '사회적 부에 공짜는 없다'며)

▲ "노무현 정부의 가장 큰 치적은 정치제도의 개혁 을 통해 나 같은 사람도 정치에 참여할 수 있는 기회를 준 것이다. 첫 번째로 '기간당원제'라는 제도를 통해 정 당을 민주화했다. 둘째, '선거공영제'로 일정 수치 이상 득표하면 선거 비용을 돌려받을 수 있도록 했다. 단순 한 제도개혁으로 보이지만 이를 통해 정치 부패의 고리 를 하나 끊어냈다."

(2015. 5. 13 / 한 언론사와 인터뷰에서 '시장에 당선된 경위' 를 말하다가)

▲ "인권변호사 시절, '형식적으로나마 법률과 상식

을 지키는 정상적인 사회가 되도록 하자'고 결심했다. 시민운동은 그 내용을 채우는 일이었고, 정치인은 이 일을 현실에서 실행할 수 있는 자리다."

(2015. 5. 13 / 한 언론사와 인터뷰에서 '정치를 시작한 이유' 에 대해)

▲ "복지를 비롯한 모든 사회서비스는 시민이 내는 '세금'을 '행정'이라는 수단을 통해 환원하는 것이다. 애초부터 '공짜'라는 개념은 성립 불가능하다. 지금까지 기득권이 복지를 시혜적인 것으로 왜곡하며 본래의 의미를 훼손시킨 것이다. 국가는 시민의 기본적 삶의 권리를 보장하고, 공적 재산을 사적 이익을 위해 사용하지 않고, 불요불급한 지출을 막아 시민들에게 환원하는 역할을 제대로 감당해야 한다."

(2015. 5. 13 / 한 언론사와 인터뷰에서 '복지는 공짜가 아니다'고 말하며)

▲ "SNS는 시민과 직접 소통하는 통로다. SNS 아니면 누가 시장에게 쓴 소리도 하고 제안도 하고 직접 말할 수 있겠나."

(2015. 4. 21 / 한 언론사와 인터뷰에서 'SNS 소통'에 대해)

▲ "이번 선거결과는 성남의 주인으로 깨어 있는 100만 시민 모두의 위대한 승리이자 상식과 정의의 승리다. 시민과 함께 '시민이 주인인 성남, 시민이 행복한 성남'을 만들어 가겠다."

(2014. 6. 5 / 성남시장 재선에 성공하고 당선소감을 밝히며)

▲ "변희재 씨, 쓸데없는 기대 말고 경찰조사 준비나 잘 하시라."

(2014. 6. 4 / 지방선거 개표 도중 변희재 미디어워치 대표가 트위터에 "분당표에 따라서 이재명의 목숨이 왔다 갔다 할 것"이라는 글을 남기자)

▲ "소통은 자질이나 미덕이 아니라 그 자체로 민주정치의 본령이다."

(2014. 3 / 저서 『오직 민주주의, 꼬리를 잡고 몸통을 흔들다』에서)

▲ "일상적인 시정뿐 아니라 악의적인 정치현안에 이르기까지 광범위하게 펼쳐진 정치사찰과 선거개입은 비단 성남시에 한정되지 않았을 것이다. 철저한 규명과 책임자 처벌이 필요하다."

(2014. 1. 7 / 기자회견에서 '국정원의 정치 사찰과 지방선거

개입 행위가 드러났다'고 주장하며)

▲ "일감 준 내가 종북이면 MB와 김문수는 고첩(고정간첩)?"

(2013. 9. 5 / 이재명이 종북단체 '나눔환경'을 지원했다는 의혹에 대해 "나눔환경은 김문수 경기지사와 이명박 전 대통령이 사회적기업으로 심사 선정한 뒤 박근혜 대통령까지도 수억대 국비를 지원하고 있다"고 밝히며)

▲ "성남시는 2012년 제9회 대한민국 지방자치경영대전 최우수 기관, 노인일자리사업 종합평가 최우수상, 대한민국 나눔 국민대상 대통령 표창, 2012 지역전통문화브랜드 대상을 비롯해 2012 전국기초단체장 매니페스토 우수사례 경진대회 일자리창출 분야 최우수상 등 다양한 분야에서 수상의 영예를 안았다. 그러나 그보다는 시민의 주권의식과 참여의식이 높아진 것이 더 반가운 변화이다."

(2013. 1. 1 / 성남시 승격 40주년을 맞아 1년 동안의 시정을 평가하며)

▲ "'시민이 주인인 성남'이라고 하는 취지의 핵심은 시민이 주인으로서 대접받아야 된다고 하는 건 일부에

불과하고 주인으로서 책임과 역할을 다해야 한다는 것
이다. 주인이 주인노릇을 해야 주인대접을 받을 수 있
다. 국민이 뽑은 심부름꾼인 시장, 대통령, 국회의원,
도지사, 시·도의원들을 잘 감시해야 한다. 주인이 주
인노릇 못하면 대한민국 제대로 못 간다."

(2012. 6. 3 / 한 매체와의 인터뷰에서 시민들의 주인으로서
의 '책임론'을 피력하며)

▲ "단체장에 대한 폭력은 표를 무기로 민주주의를
파괴하는 것이다. 시민의 권리를 외치는 사람들이 '시
민의 주권을 찾겠다'고 나선 시장에게 폭력을 휘둘렀다
고 생각하니 당혹스러웠다."

(2011. 11. 21 / 판교 신도시 철거민들에게 폭행당한 데 대해
심경을 전하며)

▲ "지방자치단체장이 가진 권한이 너무 커 끊임없
이 유혹에 노출돼 있다. 시장실로 (돈)봉투를 들고 오는
사람이 많아 CCTV를 설치했다. CCTV는 시장의 보호
장치다."

(2011. 6. 10 / 지방자치단체장 1년 동안의 경험을 설명하며)

▲ "성남시 호화청사를 민간에 매각해 그 재원을 시

민을 위한 복지, 의료 사업 등에 쓰겠다."

(2010. 6. 09 / 성남시장에 당선된 후 호화청사 논란을 일으킨 성남시청사를 민간에 매각하겠다고 밝히며)

▲ "김 후보가 경선연기를 주장하는 것은 시험공부 덜 끝났다고 자기 공부 끝날 때까지 시험일을 늦추라는 말이다. 떼를 쓴다고 세상 민심이 바뀌는 것은 아니다."

(2010. 4. 6 / 민주당 성남시장 선거 경선과 관련해 김창호 전 예비후보가 불공정 경선을 지적하면서 경선일정 연기를 주장하자)

法句

"이재명이 도둑질을 안 하니까 다른 지자체장들이 도둑질을 못 한다. 그래서 죽을 맛일 것이다."

최근 항간에 이 말이 나도는 모양입니다.

어디선가 들어본 듯이 흔한 말 같지요.

말이란 그렇습니다.

사실 이 말은 소승이 가장 먼저 한 말입니다.

어디서, 누구에게 했는지 기억나지 않습니다.

그리 중요하지 않으니까요.

하늘만이 알고 있습니다.

이재명은 '하늘의 심부름꾼'이니까요.

나무아미타불…

이재명

◆ 학력

1978 ~ 82년 고입 · 대입검정고시 합격

1986년 중앙대학교 법과대학 졸업(법학사)

2005년 경원대학교(현 가천대학교) 행정대학원 석사과정 졸업, 행정학석사(학위논문: 「지방정치 부정부패의 극복방안에 관한 연구」)

2008년 한국방송통신대학교 영어영문학과 석사

◆ 경력

1986년 제28회 사법시험 합격

1989년 사법연수원 18기 수료

1989년 민주사회를 위한 변호사 모임 국제연대위원

2003 ~ 04년 성남 참여연대 집행위원장

2007년 민주당 부대변인

2010년 7월 ~ 2014년 6월 제19대 경기도 성남시장

2014년 7월 ~ 2018년 3월 제20대 경기도 성남시장

2017년 더불어민주당 제19대 대선 경선 후보

2018년 7월 ~ 제35대 경기도지사

◆ 저서

『고난을 통해 희망을 만들다』/ 청동거울(2010)

『오직 민주주의, 꼬리를 잡고 몸통을 흔들다』/ 리북(2014)

『이재명, 대한민국 혁명하라』/ 메디치미디어(2017)

『이재명은 합니다, 무엇을 시작하든 끝장을 보는 사람』/ 위즈덤
하우스(2017)

『이재명의 굽은 팔 (굽은 세상을 펴는 이재명의 삶과 공부)』/ 김영사(2017)

『대통령의 7시간 추적자들』 북콤마(2017)

◆ 상훈

2012년 지식경제부 후원, 포브스코리아 주최; '2012 대한민국
글로벌 CEO' 행사에서 글로벌 도시 브랜드 부문 수상.

2013년 TV조선 '한국의 영향력 있는 CEO', 매경미디어그룹
'대한민국 창조경제 리더' 선정. 중앙일보 '한국을 빛낸 창조경영
대상', 한국경제매거진 '대한민국 소통경영 대상', 동아일보 '대한
민국 경영대상 윤리경영부문' 등 수상.

2014년 한국매니페스토실천본부 주관 매니페스토 약속대상 우
수상, 중앙일보 대한민국 경제리더 대상(사회책임경영 부문), 한국경
제신문 대한민국 미래창조 경영대상 투명경영부문 대상, TV조선
경영대상 지역혁신 경영대상, 동아일보 대한민국 경영대상(윤리경
영부문), 포브스 최고경영자 대상(시민중심경영 부문), 한국행정학회
와 한국정책기획평가원이 주관한 우수행정 및 정책사례 선발대회

우수상 등 수상.

2015년 매경닷컴 주최 대한민국 최고의 경영대상(사회공헌경영 부문), 전국 기초자치단체장 매니페스토 최우수상(사회적경제 부문), 헤럴드경제 대한민국 미래경영대상(의정행정 부문), 대한민국 소비자대상(소비자행정 부문) 등 수상. TV조선 '한국의 영향력 있는 CEO(사회책임경영 부문)' 선정.

2016년 자유민주주의 수호와 세계평화에 헌신한 공로로 세계자유민주연맹(World League for Freedom & Democracy)에서 '자유장' 수상.

「포춘 코리아」 선정, '2016 대한민국 CEO경영 대상' 일자리 창출 경영 부분 대상 수상.

2018년 10월 경기도 도서관정책 전국 1위, 문체부장관상 수상.

11월 경기도, 제1회『대한민국 주거복지문화대상』 특별상 수상.

11월 경기도 지식(GSEEK) '대한민국 인터넷소통대상' 교육서비스부문 대상 수상.

11월 경기도 부동산포털, 적극행정 경진대회 장려상 수상.

12월 경기도일자리재단, 인터넷에코어워드 '일자리창출' 분야 2년 연속 대상.

12월 2018년 보건복지부 지역복지사업평가, 경기도「우수기관」 수상.

12월 경기도, 2018 노사민정 협력 평가 최우수 … 11년 연속 우수기관.

12월 경기도, 행안부 주최 주민참여예산평가서 최우수단체 선정.

12월 가장 안전한 지역 경기도 … 행안부 「지역안전지수」 4년 연속 1등급.

12월 신천 수해예방 '청신호' 켠 이재명 지사, 동두천 시민들로부터 감사패 받아.

2019년 1월 경기도, 납세자보호관제도 종합평가서 우수상 수상.

1월 경기도, 국토부 도로정비평가 최우수 … 7개 항목 'A등급'.

1월 경기도, 권익위 부패방지시책평가 전국 '최우수(Ⅰ등급)' 달성.

3월 경기도, '2018 사회책임지수 우수 전국 지자체 평가' 종합 1위 수상.

4월 경기도소방, 현장대응강화 전국대회 전 종목 석권.

4월 이재명 지사, 매니페스토 공약실천계획서 평가서 최고등급 (SA) 획득.

6월 경기도, 감사원 자체감사활동 평가 최우수 선정, 감사원 표창 수상.

7월 이재명 지사 '포천 양수발전소 유치 성공' 감사패 받아.

7월 이재명 지사, 러시아 우수리스크로부터 감사패 받아…"집 고쳐줘 고맙습니다".

◆ 평가

성남시는 행정자치부 주관 '지방재정분석 종합평가'에서 2013~14년 2년 연속 '최우수 기관'으로 선정돼 행정자치부장관 표창과 함께 교부세 인센티브를 받았다.

행정자치부의 지방재정 운영 분석 결과에 따르면 244개 자치단체를 대상으로 재정 건전성과 재정 효율성, 재정운용 노력 등 3개 분야의 25개 지표를 종합평가한 결과 성남시는 75개 기초자치단체 중 우수단체인 '가' 등급 판정을 따냈다.

성남시는 기초자치단체로는 유일하게 재정건전성과 효율성, 재정운용노력 분야 등 전 분야에서 모두 최우수 등급 평가를 받아 주목받았다.

성남시는 재정 건전성 향상을 위해 4.3%로 이자율이 높은 지방채 349억 원을 조기 상환해 이자 45억 원을 절감했다. 또 행사축제경비 등 경상비 절감계획을 적극 추진했다.

행자부는 성남시가 사업투자순위 조정과 예산 삭감 등 초긴축재정을 통해 채무를 청산했고 부채 총액은 2013년 말 기준 1469억 원으로 2012년 대비 631억 원이 감소한 사실을 높이 평가했다. 부채비율은 다른 지차제보다 현저히 낮은 수준으로 지급유예 선언이후 부채 줄이기에 최선을 다한 성과라고 평가했다.

이재명은 사업투자순위 조정과 예산 삭감 등 초긴축재정 작업을 벌이면서도 사회복지시설을 확충하고 취약계층 지원과 교육지원사업 등을 확대하는 등 복지예산은 오히려 매년 1천억 원 이상 늘려 높은 평가를 받았다.

이재명은 성남시장 취임 이후 무상교복사업과 청년배당, 산후조리 지원비 등의 정책 등을 펴며 남다른 인구 유지정책을 펼쳤다. 성남시는 중학교 신입생 8000여 명에게 교복구입비를 지원했고 지역화폐인 '성남사랑상품권'을 활성화해 청년배당, 산후조리 지원을 실시하고 있다. 이런 복지정책으로 다른 시와의 차별성을 더해 살고 싶은 도시로 꼽힌다.

특히 모두가 불가능하게 여겼던 한국토지주택공사의 위례신도시 일부 사업권을 국토교통부로부터 받아내면서 재개발 이주단지와 서민들을 위한 임대주택지를 확보해 큰 성과로 자리 잡았다. 또 전국 최초로 시 청소 용역업체를 시민 주주기업으로 전환하고 시민이 주주인 마을버스 노선을 신설하는 등 다른 지자체보다 시민주주 기업이 활성화됐다고 여겨진다.

3대 무상복지 등 남다른 지자체 정책을 펴며 스타 시장으로 부상해 지자체장 가운데 박원순 서울시장과 함께 19대 대선 후보로 거론됐다.